AbiKOMPAKT

Trainingsheft für das Deutschabitur

Herausgegeben von
Kerstin Dambach und
Andreas Ramin

Bearbeitet von
Susanne Dürr
Bernd Gehringer
Cora Gierse
Elke Langendorf
Uta Löhrer
Andreas Ramin

C.C. Buchner

AbiKOMPAKT
Trainingsheft für das Deutschabitur
Herausgegeben von Kerstin Dambach und Andreas Ramin
Autoren: Susanne Dürr, Bernd Gehringer, Cora Gierse, Elke Langendorf,
Uta Löhrer, Andreas Ramin

1. Auflage 1 4 3 2 1 2013 12 11 10
Die letzte Zahl bedeutet das Jahr des Druckes. Alle Drucke dieser Auflage sind, weil untereinander unverändert, nebeneinander benutzbar.

Dieses Werk folgt der reformierten Rechtschreibung und Zeichensetzung. Ausnahmen bilden Texte, bei denen künstlerische, philologische oder lizenzrechtliche Gründe einer Änderung entgegenstehen.

www.ccbuchner.de

Gestaltung: Artbox Grafik & Satz GmbH, Bremen
Umschlag: Creo Druck & Medienservice, Bamberg
Druck: Creo Druck & Medienservice, Bamberg

ISBN 978-3-7661-**3922**-1

Inhaltsverzeichnis

Erschließung eines poetischen Textes I (Lyrik)

Aufgabe

a) Erschließen und interpretieren Sie das Gedicht „Ins Lesebuch der Oberstufe" von Hans Magnus Enzensberger. Vergleichen Sie im Anschluss Ihre Ergebnisse mit den Thesen von Elfriede Jelinek zum Thema *Kunst*.

b) Erläutern Sie am Beispiel eines anderen Autors die gesellschaftskritische Intention eines literarischen Werks.

Materialien

Material 1

Hans Magnus Enzensberger
Ins Lesebuch für die Oberstufe (1957)
Quelle: Hans Magnus Enzensberger, Verteidigung der Wölfe, Suhrkamp Verlag, Frankfurt/Main, 1957, S. 88

Lies keine Oden[1], mein Sohn, lies die Fahrpläne:
sie sind genauer. Roll die Seekarten auf,
eh es zu spät ist. Sei wachsam, sing nicht.
Der Tag kommt, wo sie wieder Listen ans Tor
schlagen und malen den Neinsagern auf die Brust
Zinken[2]. Lern unerkannt gehn, lern mehr als ich:
das Viertel wechseln, den Paß, das Gesicht.
Versteh dich auf den kleinen Verrat,
die tägliche schmutzige Rettung. Nützlich
sind die Enzykliken[3] zum Feueranzünden,
die Manifeste[4]: Butter einzuwickeln und Salz
für die Wehrlosen. Wut und Geduld sind nötig,
in die Lungen der Macht zu blasen
den feinen tödlichen Staub, gemahlen
von denen, die viel gelernt haben,
die genau sind, von dir.

[1] Ode: feierliches Gedicht antiken Ursprungs

[2] Zinke: grafisches Zeichen

[3] Enzyklika: päpstliches Rundschreiben in Latein

[4] Manifest: öffentliche Erklärung, Grundsätze einer Partei

Material 2

Elfriede Jelinek im Spiegel-Interview 2002
„Mit Kunst kann man gar nichts erreichen"

Das gesprochene Wort büßt seine Macht ein: Kunst könne die politischen Geschehnisse nicht beeinflussen, sagte die österreichische Erzählerin und Dramatikerin Elfriede Jelinek anlässlich ihrer Auszeichnung mit dem Berliner Theaterpreis.
„Mit Kunst kann man gar nichts erreichen", stellte Jelinek fest. Auch das Theater könne nur noch bedingt politisch aufklären: „Ich glaube nicht, dass man mit Sprache heute noch jemanden erschrecken könnte. Leider glaube ich auch nicht, dass man damit aufklären kann."

In ihrer Arbeit versuche sie, die Sprache zur „Wahrheit" zu zwingen: „Die Sprache lügt ja, wo man sie lässt, sie sagt eine ‚falsche' Wahrheit." Man könne vielleicht sagen, dass sie die Sprache „so lange prügle", bis sie ungewollt die Wahrheit sage, so die Autorin. Jelinek versuche, „mit Hilfe des Klanges der einzelnen Wörter der Sprache ihren ideologischen Charakter sozusagen herunterzureißen und ihr meine Art Wahrheit abzuringen."

Quelle: http://www.spiegel.de/kultur/gesellschaft/0,1518,195140,00.html, zuletzt besucht am 27.4.2010

Aufgabenanalyse

In der Aufgabenstellung finden Sie verschiedene Operatoren, die Sie für Ihre Vorgehensweise berücksichtigen müssen: Im Einzelnen sind das im Aufgabenteil a) *erschließen, interpretieren* und *vergleichen* und im Aufgabenteil b) *erläutern*.

Ein Gedicht zu **erschließen** erfordert die Auseinandersetzung mit seiner inhaltlichen, sprachlichen und formalen Gestaltung. Besonderes Augenmerk liegt auf der Verknüpfung dieser drei Gestaltungsebenen.

Der Operator **interpretieren** verlangt eine systematische Untersuchung und Deutung des Gedichts. Es wird auf Bedeutung, Aussage und Wirkung hin befragt, wobei auch hier der Zusammenhang zwischen inhaltlichen, sprachlichen und formalen Elementen des Textes zu berücksichtigen ist. Die systematische Untersuchung teilt das Gedicht in einzelne Analyseteile auf und fügt diese mit Blick auf eine Gesamtdeutung anschließend wieder zusammen. Eine Interpretation geht immer von der Textbeobachtung aus und hat ihre zentralen Ergebnisse mit Textbelegen zu stützen.

Bei der Bearbeitung der Aufgabe sind die beiden Operatoren **erschließen** und **interpretieren** nicht voneinander zu trennen.

Beim Operator **vergleichen** geht es um die Gegenüberstellung von Gemeinsamkeiten und Unterschieden. Der Vergleich ist nicht an eine bestimmte Textsorte geknüpft, sodass nicht nur zwei Gedichte miteinander, sondern auch ein Gedicht mit einem weiteren fiktionalen, einem Sachtext oder einem Bild verglichen werden könnten. Unerlässlich bei einem Vergleich ist die Formulierung eines gewichteten Ergebnisses. Auch der Vergleich erfordert die Absicherung der wichtigsten Ergebnisse durch Textbelege.

In der ersten Teilaufgabe heißt es in diesem konkreten Beispiel „Vergleichen Sie im Anschluss Ihre Ergebnisse […]". Das hat zur Folge, dass Sie zuerst die Gedichtinterpretation vornehmen und dann auf den Vergleich überleiten müssen.

Einen Gedankengang oder einen Sachverhalt zu **erläutern**, fordert eine zusammenhängende Beschreibung und eine darauf aufbauende Erklärung, die mit Beispielen und Belegen anschaulich zu formulieren ist. Wichtiges Kriterium ist die Nachvollziehbarkeit einzelner Gedankengänge.

Angeleitete Bearbeitung der Teilaufgabe a)

Erschließen und interpretieren Sie das Gedicht „Ins Lesebuch der Oberstufe“ von Hans Magnus Enzensberger. Vergleichen Sie im Anschluss Ihre Ergebnisse mit den Thesen von Elfriede Jelinek zum Thema *Kunst*.

1. Vorarbeiten

1 Lesen Sie das Gedicht genau. Markieren und notieren Sie sich inhaltliche, formale und sprachliche Auffälligkeiten. Teilen Sie das Gedicht in logische Sinnabschnitte ein.

Hilfestellung: Textverständnis überprüfen[1]
Überprüfen Sie Ihr Textverständnis mithilfe der folgenden Aufgaben. Bei manchen Multiple-Choice-Aufgaben ist nur eine Lösung richtig, bei manchen können auch mehrere Antworten zutreffen. Begründen Sie jeweils Ihre Antwort und/oder geben Sie ein Beispiel.

[1] Vgl. KombiKOMPAKT 11, Die werkimmanente Gedichtinterpretation, S. 103

1.1 Das Gedicht ist
(1) metrisch ungebunden.
(2) durchgehend mit jambischem Versmaß versehen.
(3) mit einzelnen Daktylen durchsetzt.
(4) ausschließlich von Trochäen geprägt.

Lösung mit Begründung

1.2 Ein auffallendes Merkmal bei der Wortstellung ist in diesem Gedicht
(1) der Parallelismus
(2) die Inversion
(3) der Chiasmus
(4) der Anakoluth

Lösung mit Begründung

1.3 Welche der folgenden Stilmittel kommen im Gedicht vor?
(1) Personifikation
(2) Synästhesie
(3) Vergleich
(4) Metapher

Lösung mit Begründung

1.4 Wer ist in Vers 4 mit dem Personalpronomen „sie“ gemeint?

(1) die Nationalsozialisten
(2) Machthaber in Diktaturen
(3) Machthaber
(4) die katholische Kirche

Lösung mit Begründung

1.5 Nach dem Kommunikationsmodell von Schulz von Thun hat jede Nachricht die folgenden vier Ebenen. Verstehen Sie das Gedicht als Mitteilung und geben Sie ein Beispiel für jede Ebene. Legen Sie sich darüber hinaus fest, welche Ebene dominiert und begründen Sie.

(1) Sachebene
(2) Selbstoffenbarungsebene
(3) Beziehungsebene
(4) Appellebene

Lösung mit Begründung

1.6 Ergänzen Sie zu den vorgegebenen Begriffen jeweils einen weiteren aus dem Text und begründen Sie Ihre Wahl.

(1) Fahrpläne (Vers 1)
(2) Listen (Vers 4)
(3) Verrat (Vers 8)
(4) Enzykliken (Vers 10)
(5) Wehrlosen (Vers 12)

Lösung mit Begründung

1.7 Die Überschrift des Gedichts „Ins Lesebuch für die Oberstufe" ist in Bezug zum Gedicht

(1) die sinngemäße Wiedergabe im indirekten Zitat
(2) eine Übertreibung (Hyperbel)
(3) eine Untertreibung (Litotes)
(4) ironisch
(5) eine Metapher

Lösung mit Begründung

1.8 Für welche Fälle lässt sich eine Binnengliederung des Gedichts logisch begründen?
(1) Zweiteilung (Teil 1: Vers 1–9; Teil 2: Vers 9–16)
(2) Zweiteilung (Teil 1: Vers 1–7; Teil 2: Vers 8–16)
(3) Dreiteilung (Teil 1: Vers 1–7; Teil 2: Vers 8–9; Teil 3: Vers 9–16)
(4) Vierteilung (Teil 1: Vers 1–3; Teil 2: Vers 4–7; Teil 3: Vers 8–9; Teil 4: Vers 9–16)

Lösung mit Begründung

2 Erstellen Sie eine Gliederung für Ihren Interpretationsaufsatz.

Hilfestellung: Gliederung eines Interpretationsaufsatzes[1]
Gehen Sie bei Ihrer Gliederung von einer linearen Vorgehensweise im Hauptteil aus. Gliedern Sie möglichst inhaltsbezogen und konkretisieren und spezifizieren Sie die allgemeinen Begrifflichkeiten *Einleitung – Hauptteil – Schluss*.
Erarbeiten Sie im Anschluss daran eine alternative Gliederung für den Hauptteil, indem Sie aspektorientiert, d. h. thematisch vorgehen.
Vergleichen Sie in einem dritten Schritt die beiden Gliederungen und notieren Sie sich stichwortartig die Vor- und Nachteile der unterschiedlichen Vorgehensweisen.

[1] Vgl. KombiKOMPAKT 11, Die werkimmanente Gedichtinterpretation, S. 103

2. Verfassen des Interpretationsaufsatzes

1 Formulieren Sie eine Einleitung.

Hilfestellung: Einleitung[2]
Konzentrieren Sie sich neben den formalen Notwendigkeiten (Autor, Titel, Textsorte, Entstehung / Veröffentlichung, Thema) auf einen thematischen Zugang, der es Ihnen erlaubt, auch die im Anschluss zu vergleichenden Äußerungen von Elfriede Jelinek einzubeziehen.

[2] Vgl. ebd.

2 Geben Sie eine kurze Inhaltszusammenfassung und Textbeschreibung.

3 Überprüfen Sie mithilfe der folgenden Aufgaben Länge und Inhalt von Inhaltszusammenfassung und Textbeschreibung:

Hilfestellung: Inhaltszusammenfassung und Textbeschreibung
Die folgenden strukturierenden Aufgabenstellungen helfen Ihnen dabei, sich Klarheit über die zentrale inhaltliche Aussage und die wichtigsten formalen Merkmale zu verschaffen und sie von weiteren untergeordneten Aspekten unterscheiden zu können. Dies ist dann für eine klar strukturierte und deutlich gegliederte Gesamtinterpretation wichtig.

3.1 Fassen Sie den Inhalt des Gedichts in einem Satz zusammen.

3.2 Erweitern Sie Ihre Inhaltszusammenfassung um weitere wichtige inhaltliche Aspekte.

3.3 Stellen Sie eine Liste mit den zentralen formalen und sprachlichen Mitteln des Gedichts[1] zusammen.

[1] Vgl. KombiKOMPAKT 11, Fachbegriffe zur Lyrik, S. 255 und Sprachliche Mittel, S. 278 ff.

3.4 Entscheiden Sie, welche Einzelmerkmale davon im Rahmen eines Überblicks bei der Textbeschreibung sinnvollerweise anzugeben sind.

4 Interpretieren Sie das Gedicht.

Hilfestellung: Aufbau der Interpretation[2]
Greifen Sie bei der Vorgehensweise auf Ihre Gliederung zurück, gehen Sie jedoch frei damit um, wenn sich im Verlauf Ihres Schreibprozesses zeigen sollte, dass es sich als sinnvoller erweist, einzelne Teile der Interpretation umzustellen.
Berücksichtigen Sie in Ihrer Interpretation auch die folgenden Gesichtspunkte. Die dazu formulierten Aufgaben verstehen sich als Hilfsaufgaben, deren Ergebnisse auch anderweitig in Ihrer Interpretation verarbeitet sein können.

[2] Vgl. KombiKOMPAKT 11, Die werkimmanente Gedichtinterpretation, S. 103 und Die Erschließung literarischer Texte, S. 258 f.

4.1 Klären Sie mithilfe der Beispiele im Text, welches Bedeutungsumfeld das Verb „lernen“ besitzt.

4.2 Erläutern Sie die Rolle, die der Aspekt der Genauigkeit (Verse 2 / 16) spielt.

4.3 Stellen Sie die Handlungsmöglichkeiten gegenüber den Machthabern zusammen, über die der Angesprochene verfügt.

4.4 Leiten Sie aus Ihren Ergebnissen das Kunstverständnis von Hans Magnus Enzensberger ab.

Vgl. KombiKOMPAKT 11, Zitieren, S. 230 ff.

4.5 Die Interpretation verlangt, dass Sie Ihre Ergebnisse am Text belegen. Dafür haben Sie mehrere Möglichkeiten. Vergewissern Sie sich, ob Sie über die nötigen Kenntnisse verfügen, indem Sie für jedes Fallbeispiel ein entsprechendes Zitat formulieren:

(1) die sinngemäße Wiedergabe im indirekten Zitat

(2) das vorangestellte wörtliche Zitat

(3) das nachgestellte wörtliche Zitat

(4) die Einbindung des wörtlichen Zitats in den Fließtext

(5) die Einbindung eines gekürzten wörtlichen Zitats in den Fließtext

5 Verfassen Sie einen Schluss.

Hilfestellung: Schluss
Berücksichtigen Sie bei Ihrem Schluss, dass er gleichzeitig eine Überleitung zum Vergleich mit den Äußerungen von Elfriede Jelinek ermöglicht. Sinnvoll kann es daher sein, sich vor dem Verfassen des Schlusses mit dem Text von Jelinek zu befassen.

3. Vergleich mit den Thesen von Elfriede Jelinek

1 Lesen Sie den Auszug der Interview-Wiedergabe (S. 4 f.) genau durch. Markieren Sie die zentralen Aussagen von Jelinek.

2 Überprüfen Sie Ihr Textverständnis mithilfe der folgenden Aufgaben.

2.1 Kreuzen Sie die richtigen Antworten, die so dem Text zu entnehmen sind, an und geben Sie jeweils eine kurze Begründung.

(1) Kunst kann auf die „politischen Geschehnisse" einwirken.
(2) Kunst kann auf die „politischen Geschehnisse" nicht einwirken.
(3) Für Jelinek sind in diesem Kontext die „Kunst" und die „Sprache" gleichbedeutend.
(4) Jelinek grenzt in diesem Kontext die „Kunst" und die „Sprache" voneinander ab.

richtige Antwort(en) und Begründung:

2.2 Notieren Sie mögliche Beispiele aus Ihrem persönlichen Erfahrungsbereich für Jelineks Begriff „politische Geschehnisse".

2.3 Verdeutlichen Sie die zwei Bedeutungsebenen des Ausdrucks „mit Sprache aufklären".

2.4 Nennen Sie Beispiele für Jelineks These, dass „Sprache lügt [...], wo man sie lässt" (Z. 7 f.).

2.5 Erläutern Sie die Vorstellung, „der Sprache ihren ideologischen Charakter [...] herunterzureißen" (Z. 9 ff.).

2.6 Erörtern Sie, ob Jelineks Versuch, die Sprache zu entideologisieren, eine objektive oder eine subjektive „Wahrheit" zur Folge hat. Begründen Sie am Text.

3 Notieren Sie Vergleichsaspekte aus Jelineks Aussagen zum Gedicht von Hans Magnus Enzensberger.

4 Erstellen Sie eine Gliederung zum Vergleich[1] der beiden Textinhalte.

[1] Vgl. KombiKOMPAKT 11, S. 116, da die wesentlichen Strukturmerkmale auch beim Vergleich eines Gedichtes mit einer anderen Textsorte anzuwenden sind.

5 Formulieren Sie im Schluss Ihres Interpretationsaufsatzes zum Gedicht Enzensbergers eine Überleitung zum sich anschließenden Vergleich (vgl. Aufgabe 5, S. 13 oben).

6 Vergleichen Sie Ihre Interpretationsergebnisse mit den Thesen von Elfriede Jelinek (vgl. Aufgaben zu 3., S. 13).

TIPP

Der vergleichende Teil von Aufgabe a) ist erheblich kürzer als der Interpretationsaufsatz.

4. Überarbeiten

1 Die folgende kurze Interpretation von Peter von Matt orientiert sich nicht an den Vorgaben für einen Abituraufsatz zur Erschließung und Interpretation eines Gedichtes. Stellen Sie die wesentlichen Unterschiede zu einem möglichen Abituraufsatz zusammen.

Peter von Matt
Aufforderung zum Verdacht (2009)

Der Titel des Gedichts war ironisch gemeint. Er ist längst Tatsache geworden. Wer heute mit seinen Schülern in der Oberstufe Oden liest, riskiert die Frühpensionierung. Die Fahrpläne haben gesiegt. Nur die Züge selbst haben immer größere Verspätung. Das Lesen von Fahrplänen hat sich zu einer kreativen Tätigkeit entwickelt wie einst das Odenschreiben: Wenn der 18.33er vor 19.00 Uhr eintrifft, könnte ich in Mannheim noch den 19.33er erreichen, der vermutlich gegen 20.15 Uhr dort ankommt ...

Enzensbergers erster Gedichtband, „verteidigung der wölfe", erschien zehn Jahre vor dem Beginn der Studentenbewegung. Er nahm ihren Zorn vorweg, ihre Attacken auf Mief und Filz und klebrige Feierlichkeit, aber er war witziger, imaginativer und vor allem belesener als die Gedichte der Achtundsechziger. Dennoch war der Autor nicht etwa seiner Zeit voraus. Er kam genau richtig. Er besaß ein gutes Gehör und sagte, was es geschlagen hatte. Ein Luftzug fuhr durch die deutsche Literatur. Da und dort knallten Fenster. Im gleichen Jahr, 1957, erschien in England das Stück eines Gleichaltrigen, John Osbornes „Look back in Anger". Es gab einer Generation den Namen. Man sprach von den Angry Young Men. Exakt dies war der achtundzwanzigjährige Enzensberger in Deutschland: der zornige junge Mann als Phänotyp der Stunde.

Der hier vor den Oden warnte, war ein Odenkenner. Er liebte sie, liebte die Literatur, liebte die Dichterinnen und Dichter der weiten Welt. Aber er wollte sie nicht hinter Glas. Literatur war ihm strömende Luft, mächtiges Blasen, Passatwind über dem Planeten. Sie sollte den bösen Staub aufwirbeln, von dem das Gedicht am Schluss spricht.

Gefährlich will dieser Dichter sein. „Sing nicht", heißt es schon in der dritten Zeile. Das ist die alte Warnung vor der falschen Schönheit, ein Echo auf Brechts Parole: „Schlechte Zeiten für Lyrik". Dennoch singt dieses Gedicht, wie ja auch Brechts Parole den Titel zu einem tüchtigen Stück Lyrik abgegeben hat. Die Verse Enzensbergers sind zwar nicht nach dem antiken Odenmaß gebaut und nicht nach der allbeliebten Volksliedstrophe, aber sie intonieren einen berühmten hohen Klang, die Sprüche Salomonis. Sie sind durchrhythmisiert wie jene. „Sei weise, mein Sohn, so freut sich mein Herz", heißt es dort, und: „Rühme dich nicht des morgenden Tages, denn du weißt nicht, was heute sich begeben mag". – „Iss Honig, mein Sohn, denn er ist gut. Also lerne die Weisheit für deine Seele ..."

Während jedoch Salomo den Sohn vor allem vor der Gottlosigkeit warnt und vor den schönen Frauen, ist der Vater in diesem Gedicht handfest politisch. Zwölf Jahre nur sind seit dem Ende der Naziherrschaft vergangen. Das leidenschaftliche „Nie wieder!" ist zur Phrase verkommen. Man kann im Zusammenhang mit Intellektuellen wieder von Nestbeschmutzern sprechen. Kultur soll zeitlos sein und die ewigen Werte vermitteln und keinesfalls stören.

Unter den Schriftstellern wächst der Verdacht. Koeppen warnt vor dem „Treibhaus", Günter Eich vor der Wiederkehr alten Unheils [...]. Man will keine Programme. Man will auch kein anderes System. Man traut nur den Mächtigen nicht und traut ihnen alles zu.

Das Gedicht, das sich gegen die Manifeste richtet, ist selber eines. Es bestimmt die Haltung der Intellektuellen gegenüber der politischen und wirtschaftlichen Macht und verpflichtet sie zum radikalen Misstrauen. Wo Macht ist, ist Verfolgung möglich, immer, und immer beginnt diese mit großen Worten. Sie sind die Nebelwand, hinter der sich die Häscher schattenhaft bewegen. Der Kult, den das Gedicht mit dem Wort „genau" treibt, hat hier seinen guten Sinn. Und also auch der Witz mit den Fahrplänen, mögen sie immer über die wahren Verhältnisse auf den Bahnsteigen der Gegenwart hinwegtäuschen.

2 Überarbeiten Sie im Anschluss an die Auseinandersetzung an den Text von Peter von Matt den Hauptteil Ihres Aufsatzes, indem Sie sich im Rahmen der Möglichkeiten einer werkimmanenten Interpretation mit neuen inhaltlichen Aspekten auseinandersetzen.

3 Nutzen Sie die Informationen der werkübergreifenden Betrachtungsweise für die Überarbeitung Ihrer Einleitung. Lösen Sie sich dazu entweder ganz von Peter von Matts Formulierungen oder binden Sie Teile davon in einem wörtlichen Zitat[1] ein.

[1] Vgl. KombiKOMPAKT 11, Zitieren, S. 230 ff.

Angeleitete Bearbeitung der Teilaufgabe b)

Erläutern Sie am Beispiel eines anderen Autors die gesellschaftskritische Intention eines literarischen Werks.

Hilfestellung:
Für diesen freien Teil der Aufgabe müssen Sie sich zunächst aus Ihrer eigenen Leseerfahrung heraus einen Autor auswählen. Die Formulierung „eines literarischen Werks" in der Aufgabenstellung lässt Ihnen die Wahl zwischen einem konkreten Einzelwerk oder der grundsätzlichen Ausrichtung des Autors in seinem Gesamtwerk. In beiden Fällen müssen Sie Ihre Ergebnisse möglichst genau belegen.
Bei der Suche nach einem Autor können Sie sich an den literaturgeschichtlichen Epochen orientieren. So haben zum Beispiel viele Autoren der Aufklärung und vor allem des Vormärz[2] ein gesellschaftskritisches Potential. Hier können Sie sich in KombiKOMPAKT orientieren. Weitere Möglichkeiten lassen sich im Text von Peter von Matt entdecken.

[2] Vgl. KombiKOMPAKT 11, Vormärz und Junges Deutschland, S. 71 ff. Zur Aufklärung vgl. Sie den Deutschunterricht in Klasse 10.

Erschließung eines poetischen Textes II (Drama)

Aufgabe

a) Erschließen Sie den folgenden Szenenausschnitt, indem Sie Inhalt und Aufbau sowie die dramaturgischen und sprachlich-stilistischen Gestaltungsmittel analysieren. Verwenden Sie Ihre Erkenntnisse aus der Interpretation des Monologs für eine Charakterisierung der Gretchenfigur.

b[1]) Erörtern Sie auf Basis Ihrer Kenntnis des gesamten Dramas „Faust I" die Frage, ob Gretchen an ihrem Schicksal mitschuldig ist.

oder alternativ:

b[2]) Vergleichen Sie Gretchens tragische Verstrickung mit Iphigenies Haltung angesichts der Kollision sich widersprechender Verpflichtungen, die sie von Orests und Thoas' Seite her bedrängen.

Materialien

Faust I, Verse 2753 – 2804:
Abend. Ein kleines reinliches Zimmer

Bei der Textvorlage handelt sich um den letzten Teil der Szene „ABEND. Ein kleines reinliches Zimmer". Es ist Gretchens Zimmer im Haus ihrer Mutter. Die Szene folgt auf die erste kurze Begegnung Fausts mit Gretchen. Zu Beginn der Szene erinnert sich Gretchen an diese Begegnung. Nach ihrem Abgang erscheinen Faust und Mephisto und verstecken einen Schmuckkasten im Schrank: das „Geschenk" für Gretchen, das Faust in der vorherigen Szene von Mephisto gefordert hat (Vers 2673) und das Gretchen für ihn „gewinnen" soll (so Mephisto, Vers 2736). Als die beiden das Zimmer verlassen haben, betritt Gretchen den Raum und der Szenenausschnitt setzt ein.

Margarete mit einer Lampe.

Es ist so schwül, so dumpfig hie

(Sie macht das Fenster auf.)

Und ist doch eben so warm nicht drauß.
Es wird mir so, ich weiß nicht wie –
Ich wollt, die Mutter käm nach Haus.
Mir läuft ein Schauer übern ganzen Leib –
Bin doch ein töricht furchtsam Weib!

(Sie fängt an zu singen, indem sie sich auszieht.)

Es war ein König in Thule
Gar treu bis an das Grab,
Dem sterbend seine Buhle
Einen goldnen Becher gab.

Es ging ihm nichts darüber,
Er leert ihn jeden Schmaus;
Die Augen gingen ihm über,
Sooft er trank daraus.

Und als er kam zu sterben,
Zählt er seine Städt im Reich,
Gönnt alles seinem Erben,
Den Becher nicht zugleich.

Er saß beim Königsmahle,
Die Ritter um ihn her,
Auf hohem Vätersaale,
Dort auf dem Schloss am Meer.

Dort stand der alte Zecher,
Trank letzte Lebensglut
Und warf den heiligen Becher
Hinunter in die Flut.

Er sah ihn stürzen, trinken
Und sinken tief ins Meer,
Die Augen täten ihm sinken,
Trank nie einen Tropfen mehr.

(Sie eröffnet den Schrein, ihre Kleider einzuräumen, und erblickt das Schmuckkästchen.)

Wie kommt das schöne Kästchen hier herein?
Ich schloss doch ganz gewiss den Schrein.
Es ist doch wunderbar! Was mag wohl drinne sein?
Vielleicht bracht's jemand als ein Pfand,
Und meine Mutter lieh darauf.
Da hängt ein Schlüsselchen am Band
Ich denke wohl, ich mach es auf!
Was ist das? Gott im Himmel! Schau,
So was hab ich mein Tage nicht gesehn!
Ein Schmuck! Mit dem könnt eine Edelfrau
Am höchsten Feiertage gehn.
Wie sollte mir die Kette stehn?
Wem mag die Herrlichkeit gehören?

(Sie putzt sich damit auf und tritt vor den Spiegel.)

Wenn nur die Ohrring meine wären!
Man sieht doch gleich ganz anders drein.
Was hilft euch Schönheit, junges Blut?
Das ist wohl alles schön und gut,
Allein man lässt's auch alles sein;
Man lobt euch halb mit Erbarmen.
Nach Golde drängt,
Am Golde hängt
Doch alles. Ach wir Armen!

Aufgabenanalyse

In der Aufgabenstellung finden Sie verschiedene Operatoren dazu, wie Sie vorgehen sollen.

In der **Teilaufgabe a)** sollen Sie **erschließen, analysieren** und **charakterisieren**:
Einen fiktionalen Text zu **erschließen** erfordert die Auseinandersetzung mit seiner inhaltlichen und formalen Gestaltung. Insbesondere sollte auf Zusammenhänge zwischen Inhalt und Form geachtet werden. So wird die Aussage des Textes aus seiner Struktur hergeleitet.

Der Operator **analysieren** zielt darauf, die einzelnen inhaltlichen, sprachlichen und formalen Elemente des Textes im Hinblick auf Bedeutung, Aussage und Wirkung zu befragen. Gehen Sie bei der Analyse von der Beobachtung am Text aus und ziehen Sie daraus Schlüsse. In Ihrem Aufsatz wird das daran deutlich, dass Sie erst zitieren und anschließend auswerten; zeigen Sie, dass Sie Schlussfolgerungen formulieren. Ersetzen Sie Ihre Analyse nicht durch Zitate oder Textreferate.

Die **Charakterisierung** einer literarischen Figur ist aufgebaut wie eine Interpretation; es handelt sich um Ihre Interpretation dieser Figur. Also stellen Sie die Figur zuerst „von außen" vor; dann untersuchen Sie Verhalten, Äußerungen, Handlungen, Gedanken im vorliegenden Text bzw. Textauszug. Gehen Sie – wie bei jeder Textanalyse – vom Text aus und ziehen Sie Ihre Schlüsse. Die spezifischen Eigenheiten der Figur werden – basierend auf der Textanalyse – pointiert dargestellt. Abschließend können Sie die Funktion der Figur für das Textganze aufzeigen.

In der **Teilaufgabe b)** sollen Sie **erörtern**:
Der Operator zielt auf eine Entscheidungsfrage (antithetisch, dialektisch). Sie müssen also Pro- und Contra-Argumente für die Hypothese „Gretchen ist an ihrem Schicksal mitschuldig" finden und ausformulieren.
Anders als für die Bearbeitung der Teilaufgabe a ist hier die Kenntnis des gesamten Dramas „Faust I" nötig.

Angeleitete Bearbeitung der Teilaufgabe a)

Erschließen Sie den folgenden Szenenausschnitt, indem Sie Inhalt und Aufbau sowie die dramaturgischen und sprachlich-stilistischen Gestaltungsmittel analysieren. Verwenden Sie Ihre Erkenntnisse aus der Interpretation des Monologs für eine Charakterisierung der Gretchenfigur.

1. Stoffsammlung und Gliederung

Bereiten Sie Ihre schriftliche Ausarbeitung durch gründliches, aktives Lesen vor[1]. Verwenden Sie zur Analyse des Textes Markierungen, Unterstreichungen, Randbemerkungen, Hinweis- und Kontrastpfeile etc. Für die Analyse werden die einzelnen Feststellungen sachgemäß aufgegriffen, erläutert und im Zusammenhang gedeutet.

[1] Vgl. KombiKOMPAKT 11, Der Schreibprozess bei allen Aufsatzformen, S. 257

Hilfestellung: Beispiel für die Bearbeitung des Textes

Inhaltliche Aspekte	Text / Schlüsselwörter	Formale und sprachliche Aspekte
Abend ➔ Unklarheit, Unsicherheit	*Margarete mit einer Lampe.*	
	Es ist so schwül, so dumpfig hie,	➔ Zweiergruppe, Steigerung
innen und außen 🡐	*Sie macht das Fenster auf.*	
Unsicherheit	Und ist doch eben so warm nicht drauß.	*4 Hebungen, Knittelvers,*
die Mutter als Halt, Sicherheit /	Es wird mir so, ich weiß nicht wie –	*Kreuz- und Paarreim*
die Familie als Schutzraum / ➔	Ich wollt, die Mutter käm nach Haus!	
Hinweis auf Margaretes enge,	Mir läuft ein Schauer übern ganzen Leib –	Parataxe
kleine Welt	Bin doch ein töricht furchtsam Weib!	Gedankenstriche
		Ausrufungszeichen

1 Verfahren Sie mit dem folgenden Textauszug in analoger Weise.

Sie fängt an zu singen, indem sie sich auszieht.

Inhaltliche Aspekte:

Es war ein König in Thule,
Gar treu bis an das Grab,
Dem sterbend seine Buhle
Einen goldnen Becher gab.

Es ging ihm nichts darüber,
Er leert ihn jeden Schmaus;
Die Augen gingen ihm über,
So oft er trank daraus.

Und als er kam zu sterben,
Zählt er seine Städt im Reich,
Gönnt alles seinem Erben,
Den Becher nicht zugleich.
[...]
Dort stand der alte Zecher,
Trank letzte Lebensglut,
Und warf den heiligen Becher
Hinunter in die Flut.

Er sah ihn stürzen, trinken,
Und sinken tief ins Meer,
Die Augen täten ihm sinken.
Trank nie einen Tropfen mehr.

Formale und sprachliche Aspekte:

Die gründliche Analyse des Textausschnittes, die wie im Beispiel zu sehen bereits die formalen, sprachlichen und inhaltlichen Analyseergebnisse zueinander in Beziehung setzt, stellt die Stoffsammlung für die nun folgende Gliederung des Interpretationsaufsatzes dar.

2 Erstellen Sie eine Gliederung Ihres Aufsatzes zur Teilaufgabe a).

Hilfestellung:
Der Gliederung Ihres Interpretationsaufsatzes liegt wie immer die Dreigliederung „Einleitung–Hauptteil–Schluss" zugrunde. Zu den Inhalten der Einleitung siehe Aufgabe 2.1. Bei der Anlage des Hauptteiles bzw. der Gliederung des Hauptteiles müssen Sie sich entscheiden, ob Sie grundsätzlich aspektorientiert oder nach Sinnabschnitten des vorgelegten Textausschnittes vorgehen wollen. Im vorliegenden Fall empfiehlt sich eine Vorgehensweise entsprechend der Sinnabschnitte (siehe dazu auch Aufgabe 2.5). Die Analyseabfolge nach Sinnabschnitten ist also im Hauptteil der Gliederung abzubilden. Vergessen Sie nicht, die Charakterisierung der Gretchenfigur in Ihre Gliederung mit einzubeziehen.

2. Schreiben des eigentlichen Interpretationsaufsatzes

Bei einer sinnvollen Chronologie des Vorgehens kann jetzt die Formulierung einer Einleitung erfolgen.

1 Beurteilen Sie, ob die folgende Einleitung eine gelungene Variante für die vorliegende Aufgabenstellung darstellt.

Gold besitzt unterschiedliche Konnotationen: es steht für die Sonne, für Reichtum, für Größe, für Vollkommenheit, für Reinheit, für Liebe etc. Es ist auch das zentrale Objekt der Begierde, des Neids, des Geizes. Gold ist oder war in manchen Kulturen dem sakralen Bereich vorbehalten. Insofern ist es von besonderer Bedeutung, sich mit Gold zu schmücken. Es hebt seinen Träger oder seine Trägerin heraus. In Mittelalter und früher Neuzeit war goldener Schmuck den höheren Ständen vorbehalten. In der vorliegenden Szene, die zu dieser Zeit spielt, findet ein junges bürgerliches Mädchen überraschenden einen goldenen Schmuck in ihrem Zimmer. Es ist Margarete ...

Begründetes Urteil:

Hilfestellung:
Für die Beurteilung dieses Einleitungstextes sollte zunächst geprüft werden, ob alle Bestandteile enthalten sind, die bei der Analyse eines literarischen Textausschnittes vorhanden sein müssen.[1]
Darüber hinaus ist zu beurteilen, ob die Wahl des Einleitungsgedankens in einem sinnvollen Zusammenhang mit dem Textausschnitt steht.
Schließlich spielt es für die Quallität einer Einleitung auch eine Rolle, ob es dem Verfasser / der Verfasserin damit gelungen ist, Neugier auf die folgenden Ausführungen zu wecken.

[1] Vgl. KombiKOMPAKT 11, Die Erschließung literarischer Texte, S. 258 f.

2 Formulieren Sie nun eine eigene Einleitung für Ihren Interpretationsaufsatz.[2]

[2] Vgl. KombiKOMPAKT 11, Die Interpretation von dramatischen Szenen, S. 38

Da bei der vorliegenden Aufgabe ein Auszug aus einem literarischen Werk die Grundlage der Interpretation darstellt, müssen vor Beginn der eigentlichen Analyse noch zwei wichtige Bausteine des Aufsatzes geschrieben werden: 1. die Einordnung des Textauszugs in den Kontext des Gesamtwerkes und 2. eine kurze Inhaltsangabe des vorgegebenen Textausschnittes.

3 Ordnen Sie den Textausschnitt in einer kurzen Erläuterung in den Kontext des Gesamtwerkes ein.

Hilfestellung:
Die handelnden Figuren – in diesem Fall Margarete – müssen vorgestellt, der Szenenausschnitt muss in den Gesamtzusammenhang des Dramas eingeordnet werden.
Um diesen Teil der Aufgabe lösen zu können, können Sie sich auch der Informationen des Vorspanns bedienen. Natürlich ist es auch erlaubt, hier eigene Kenntnisse zum Gesamtwerk einzubeziehen.

4 Verfassen Sie eine Inhaltsangabe des Textausschnittes.

Hilfestellung:
Wie bei jeder Textzusammenfassung ist es auch im vorliegenden Fall hilfreich, wenn Sie für sich den Monolog zunächst gliedern.

5 Verfassen Sie nun den Hauptteil Ihres Interpretationsaufsatzes zur Teilaufgabe a).

Hilfestellung:
Auf der Basis, der in Aufgabe 1.1 durchgeführten ausführlichen Analyse des Textausschnittes erfolgt nun die eigentliche Interpretation. Abschnitt für Abschnitt werden äußere und innere Handlung vorgestellt und zueinander in Beziehung gesetzt. Besonderheiten der sprachlichen Gestaltung befragen Sie im Hinblick auf ihre Wirkung.
Von zentraler Bedeutung ist hier die Untersuchung des Monologes, der wie in der Aufgabenstellung vorgegeben die wesentliche Interpretationsgrundlage für die Charakterisierung der Gretchenfigur ist.
Bei der vorliegenden Aufgabe geht es also nicht darum, eine gegebene Charakteristik zu referieren oder Ihr Wissen über das gesamte Drama wiederzugeben, sondern darum, die konkreten Signale im Textauszug in Bezug auf den Charakter der literarischen Figur zu identifizieren und auszuwerten.

Angeleitete Bearbeitung der Teilaufgabe b[1])

Erörtern Sie auf Basis Ihrer Kenntnis des gesamten Dramas „Faust I" die Frage, ob Gretchen an ihrem Schicksal mitschuldig ist.

Im Gegensatz zur Teilaufgabe a), bei der Sie sich weitgehend auf die Analyse des vorliegenden Textauszuges beschränkten konnten, ist für die Teilaufgabe b[1]) die Einbeziehung des gesamten Dramas nötig.
Darüber hinaus ist es hilfreich, für die Erörterung von Gretchens Mitschuld am eigenen Schicksal Kenntnisse über gesellschaftlich-soziale Rahmenbedingungen und Moralvorstellungen am Ende des 18. Jahrhunderts und dabei speziell zur Thematik „Kindsmörderin" mit zu berücksichtigen.

1. Stoffsammlung und Gliederung

1 Suchen Sie zunächst die inhaltlichen Schlüsselwörter (Achtung! Nicht die Operatoren!) aus der Aufgabenstellung heraus und definieren Sie diese.

Schlüsselwort 1

Schlüsselwort 2

Hilfestellung:
Loten Sie die Bedeutungen der Schlüsselbegriffe **in Bezug auf die vorliegende Fragestellung** detailliert aus. Diese Analyse der Schüsselbegriffe hilft Ihnen dabei, den Argumentationsrahmen abzustecken bzw. mögliche Teilaspekte der Fragestellung zu beleuchten.

2 Halten Sie in Stichworten wichtige Aspekte fest, die Sie durch die Beschäftigung mit zeitgeschichtlich relevanter Literatur zum Problem der „Kindsmörderin" und ihrer juristischen und moralischen Verurteilung kennengelernt haben.

> **Hilfestellung:**
> Reflektieren Sie dazu Ihre Leseerfahrung zur Literatur um 1800 und beziehen Sie auch mögliches Wissen über juristische Fälle von Kindsmord aus dieser Zeit mit ein.

3 Stellen Sie auf Basis Ihrer Kenntnis des Gesamttextes aussagekräftige Stellen aus der Gretchen-Tragödie zusammen, die für die Schuldzuweisung Relevanz haben.

> **Hilfestellung:**
> Hier ist die detaillierte Kenntnis des gesamten Dramas nötig. Reflektieren Sie dazu den Handlungsverlauf der Tragödie und halten Sie die Entwicklungsschritte der Beziehung „Gretchen-Faust" fest.

4 Überarbeiten Sie die folgende Grobgliederung des Hauptteils, indem Sie Bezüge zur Themenstellung deutlicher machen, vorhandene Gliederungspunkte deutlicher ausformulieren und weitere Gliederungspunkte eigenständig hinzufügen.

I. Gretchens Unschuld
   1. Steuerung durch den Teufel
   2. Beeinflussung von außen
      a) Marthe
      b) Lieschen

II. Gretchens Schuld
   1. Verletzung gesellschaftlicher Normen
      a) Liebe zu älterem Mann
      b) uneheliches Kind
   2. Doppelter Mord
      a) Mord an Mutter
      b) Mord an eigenem Kind

> **Hilfestellung: Aufbau der Interpretation**
> Geben Sie bei der Überarbeitung trotz deutlicherer Formulierungen die konsequente Einhaltung des Nominalstils nicht auf.

2. Überarbeitung einer literarischen Erörterung

Der folgende Text stellt den Hauptteil einer literarischen Erörterung dar, die ein Schüler zur Beantwortung der Teilaufgabe b) formuliert hat.

Dass Gretchen keine Schuld in jeder Hinsicht auf sich geladen haben kann, lässt sich damit begründen, dass der Teufel seine Hand im Spiel hat und somit Gretchen gar keinen Einfluss auf ihr Handeln und Tun ausüben kann. Sie ist also wie ferngesteuert. Als das junge Mädchen noch überhaupt nichts von seinem Schicksal ahnt, lässt sich dies erkennen. Am Abend nämlich, nachdem Faust Gretchen zum ersten Mal nach deren Beichte in der Kirche begegnet

FEHLER!

ist, hat Mephisto die Idee ein Schmuckkästchen in das Zimmer der Angebeteten zu stellen und Faust dorthin zu bringen. Mephisto hat also das Zepter in der Hand und versucht mit allen Mitteln Faust und seine frische Liebe, zusammenzuführen. Dass dies nicht mit rechten Dingen zugehen kann, merkt Gretchens Mutter sehr schnell. Sie hat einen „Pfaff" kommen lassen, der den Schmuck beschlagnahmt. An dieser Stelle merkt der Leser, dass Mephistos' Einfluss sehr negativ ist und nichts Gutes verspricht.

Als Mephisto zudem zur Nachbarins Haus kommt, um Marthe vom angeblichen Tod ihres Mannes zu unterrichten, schmeichelt er Gretchen. Er bezeichnet sie als „gar vornehmen Besuch" und hebt sie somit weit über ihren eigenen Stand. Auch meint er, es sei nicht nur der Schmuck, den sie gerade bei ihrer ihr sehr vertrauten Nachbarin angelegt hat. Sie habe auch ein vornehmes Wesen. Somit sorgt er für den veränderten Charakter Gretchens. Sie verliert zunehmend das brave, schüchterne Wesen.

Ein weiterer Aspekt, der sehr entscheidend für die Unschuld Gretchens ist, ist die äußere Beeinflussung zum Beispiel durch Bekannte und die Familie. An dieser Stelle ist vor allem Marthe zu nennen. Sie nimmt die Funktion einer wahren Kupplerin ein, indem sie z. B. für ein Rendezvous mit Faust sorgt. Sie lädt Mephisto, nachdem dieser ihr die Todesnachricht ihres Mannes überbracht hatte, zu sich ein, der auch seinen „Freund" mitbringen soll. Die zwei Frauen wollen die Herren unterhalten.

Beeinflusst wird Gretchen auch von ihrer Freundin Lieschen am Brunnen. Diese erzählt ihr nämlich von Bärbelchen, die nun ein uneheliches Kind geboren hat und der Kindsvater fort von ihr gegangen ist. Gretchen ist daraufhin sehr schockiert und empfindet Mitleid mit dem Bärbelchen. Sie erkennt, wie man in einer solchen Situation gesellschaftlich ausgeschlossen wird und wie man Opfer öffentlicher Schikane wird. Hieraus lässt sich erschließen, dass wohl Gretchen selbst schwanger ist und sich in einer ähnlichen Zwickmühle wie das Bärbelchen befindet. Es deutet sich schon an, dass Gretchen später ihr eigenes Kind töten wird und vielleicht auch gar keine andere Wahl hat.

Trotzdem ist Gretchen nicht vollkommen unschuldig, hat also ohne Zweifel Schuld auf sich geladen.

Zunächst einmal hat sie gegen geltende gesellschaftliche Normen verstoßen. Ein Verstoß ist, dass sie einen Mann liebt, der sehr viel älter ist als sie selbst. Dass Faust so viele Jahre erwachsener ist als sie, stellt sich bereits in „Hexenküche" heraus. Hier soll sich Faust einer Verjüngungskur unterziehen. Gretchen hingegen hat erst vor einigen Jahren ihren vierzehnten Geburtstag gefeiert. Ein derart großer Altersunterschied sorgt für jede Menge Gesprächsstoff in der Bevölkerung und lässt das Ansehen drastisch sinken, da dies als unzüchtig gilt. Außerdem bekommt sie ein uneheliches Kind. Welche Folgen dies haben kann, verdeutlicht der Dialog zwischen Gretchen und Lieschen am Brunnen: Schadenfreude macht sich breit. Zudem wird man aus der Gesellschaft ausgeschlossen: „Das Kränzel reißen die Buben ihr und Häckerling streuen wir vor die Tür". Dies zeigt, dass ein Verstoß gegen bestehende gesellschaftliche Normen zutiefst verurteilt wird und absolute Verachtung findet.

Der wichtigste Punkt jedoch, der belegt, dass Gretchen in Goethes Werk „Faust" Schuld auf sich lädt, ist, dass sie einen Doppelmord begeht. Zunächst bringt sie ihre Mutter, vielleicht unabsichtlich um. Faust drängt sie nämlich, nun endlich eine Nacht mit ihm allein zu verbringen. Da ihre Mutter aber keinen tiefen Schlaf hat, gibt er ihr ein Fläschchen, wovon sie ihr einige Tropfen geben soll. Es handelt sich also um eine Art Schlafmittel woran die Mutter stirbt. Sie ist also schuldig, da sie ihre eigene Mutter nur des eigenen Vergnügens wegen umbringt. Nachdem sie schwanger wurde und das Kind zur Welt kam, bringt sie auch dieses um. Da sie weiß, was ihr droht, wenn sie es großzieht, erkennt sie keinen anderen Ausweg, als es in einem Teich zu ertränken. Trotz ihrer sehr schwierigen Situation handelt sie eigenmächtig. Auch wenn es erfolglos scheint, könnte sie fliehen, ihr Kind einer Amme überlassen oder einen anderen Ausweg suchen, aber wahrscheinlich ist sie auch einfach noch zu jung für eine solche Verantwortung.

1 Analysieren Sie zunächst die formale und stilistische Qualität der Arbeit: Berücksichtigen Sie dabei Rechtschreib- und Grammatikfehler, Satzbau, Stil und Ausdruck. Einige Problemfälle für diese Bereiche sind grün markiert. Verbessern Sie diese.

2 Verbessern Sie die folgenden Sätze aus anderen Schülerarbeiten in Hinblick auf Satzbau, Ausdruck und Stil.

Wenn Gretchen also das Böse so gut spürt, es sich in der Szene Kerker auch noch für wahr erweist, kann sie tief in ihrer Seele nur ein guter und unschuldiger Mensch sein.

Außerdem bekommt sie von Faust ein uneheliches Kind, was zu dieser Zeit schwerstens verpönt und bestraft wurde, beispielsweise mit Ächtung und Hinrichtung.

Als letzten und wichtigsten Punkt ist der Tod sämtlicher Familienmitglieder keineswegs zu vernachlässigen.

Jedoch der wahrscheinlichst „traurigste" Mord, ist der des eigenen Kindes von Margarete, den sie mit Sicherheit selbst durchgeführt hat.

Wenn man Gretchen als Schuldige bezeichnet liegt jedoch ein Aspekt mehr vor als wenn man Margarete als Unschuldige bezeichnen will.

Dies tut sie gegen den Willen ihrer Mutter und gegen ihre Stellung in der Gesellschaft, macht sich somit also schuldig.

3 Rot markiert sind inhaltliche Schlüsselbegriffe der literarischen Erörterung. Stellen Sie fest, ob diese durch den Drameninhalt abgesichert sind. Präzisieren Sie diese wenn nötig und erproben Sie Deutungsalternativen.

4 Untersuchen Sie die blau unterstrichene Textpartie daraufhin, ob die darin vorgenommene Argumentation die inhaltlichen Aussagen belegt. Glätten Sie gegebenenfalls missverständliche Äußerungen.

Erschließung eines poetischen Textes III (Prosa)

Aufgabe

a) Erschließen und interpretieren Sie den folgenden Romanauszug (Material 1) der österreichischen Autorin Marlen Haushofer (1920–1970), indem Sie zum einen die Ebene der Geschichte (Figuren, Handlung), zum anderen die Ebene der Vermittlung (Erzähler, Perspektive) untersuchen. Gehen Sie dabei insbesondere darauf ein, wie die Hauptfigur mit der Veränderung der „Normalität" umgeht.

b[1]) Zeigen Sie anhand des Textausschnitts 2 (Material 2) die Rolle des fremden Mannes ebenso auf wie die Rolle, die die Tiere im Leben der Erzählerin spielen. Nutzen Sie Ihre Kenntnisse über das traditionelle Frauenbild der fünfziger und sechziger Jahre des vergangenen Jahrhunderts, um zu zeigen, inwiefern die Erzählerin der „Wand" dazu einen Gegenentwurf unternimmt.

oder alternativ:

b[2]) Die radikale Abtrennung eines Protagonisten von menschlicher Zivilisation und mitmenschlichem Kontakt ist ein häufiger Topos der Literaturgeschichte (Bsp. Daniel Defoe, „Robinson Crusoe" von 1719). Erläutern Sie, worin für einen Autor/eine Autorin der Reiz eines solchen Experiments bestehen könnte.

Materialien

Material 1

Marlen Haushofer
Die Wand (Textausschnitt 1)
Quelle: Berlin, List Verlag, 2004 (Erstauflage 1963)

Vorbemerkung:
Die etwa vierzigjährige Erzählerin, verwitwet und Mutter zweier nahezu erwachsener Töchter, reist Ende April mit einem befreundeten Ehepaar, Hugo und Luise Rüttlinger, zu deren Jagdhaus in den Bergen. Das Ehepaar unternimmt noch am Tag der Ankunft einen Spaziergang zum Dorfwirtshaus; ihr Hund Luchs verbleibt mit der Erzählerin in der Jagdhütte. Als gegen neun Uhr abends das Ehepaar noch nicht zurückgekehrt ist, geht sie zu Bett.

Ich erwachte davon, daß die Sonne auf mein Gesicht fiel, und erinnerte mich sofort an den vergangenen Abend. Da wir nur einen Hüttenschlüssel mithatten, der zweite lag beim Jäger, hätten Luise und Hugo mich bei ihrer Rückkehr wecken müssen. Im Schlafrock rannte ich die Stiege hinunter und sperrte die Eingangstür auf. Luchs empfing mich ungeduldig winselnd und wischte an mir vorbei ins Freie. Ich ging ins Schlafzimmer, obgleich ich sicher war, dort keinen Menschen zu finden, das Fenster war ja vergittert, und selbst durch ein unvergittertes Fenster hätte sich Hugo nicht durchzwängen können. Die Betten waren natürlich unberührt.

Es war acht Uhr; die beiden mußten im Dorf geblieben sein. Ich wunderte mich sehr darüber. Hugo verabscheute die kurzen Wirtshausbetten, und er wäre niemals so rücksichtslos gewesen, mich allein über Nacht im Jagdhaus zurückzulassen. Ich konnte mir nicht erklären, was geschehen war. Ich ging wieder hinauf in meine Schlafkammer und zog mich an. Es war noch sehr kühl, und der Tau glitzerte auf Hugos schwarzem Mercedes. Ich kochte Tee und wärmte mich ein wenig auf, und dann machte ich mich mit Luchs auf den Weg ins Dorf.

Ich merkte kaum, wie kühl und feucht es in der Schlucht war, weil ich darüber nachgrübelte, was aus den Rüttlingers geworden sein mochte. Vielleicht hatte Hugo einen Herzanfall erlitten. Wie es so geht, im Umgang mit Hypochondern, hatten wir seine Zustände nicht mehr ernst genommen. Ich beschleunigte meine Schritte und schickte Luchs voraus. Freudig bellend, zog er ab. Ich hatte nicht daran gedacht, meine Bergschuhe anzuziehen, und stolperte ungeschickt über die scharfen Steine hinter ihm her.

Als ich endlich den Ausgang der Schlucht erreichte, hörte ich Luchs schmerzlich und erschrocken jaulen. Ich bog um einen Scheiterstoß, der mir die Aussicht verstellt hatte, und da saß Luchs und heulte. Aus seinem Maul tropfte roter Speichel. Ich beugte mich über ihn und streichelte ihn. Zitternd und winselnd drängte er sich an mich. Er mußte sich in die Zunge gebissen oder einen Zahn angeschlagen haben. Als ich ihn ermunterte, mit mir weiterzugehen, klemmte er den Schwanz ein, stellte sich vor mich und drängte mich mit seinem Körper zurück.

Ich konnte nicht sehen, was ihn so ängstigte. Die Straße trat an dieser Stelle aus der Schlucht heraus, und so weit ich sie überblicken konnte, lag sie menschenleer und friedlich in der Morgensonne. Unwillig schob ich den Hund zur Seite und ging allein weiter. Zum Glück war ich, durch ihn behindert, langsamer geworden, denn nach wenigen Schritten stieß ich mit der Stirn heftig an und taumelte zurück.

Luchs fing sofort wieder zu winseln an und drängte sich an meine Beine. Verdutzt streckte ich die Hand aus und berührte etwas Glattes und Kühles: einen glatten, kühlen Widerstand an einer Stelle, an der doch gar nichts sein konnte als Luft. Zögernd versuchte ich es noch einmal, und wieder ruhte meine Hand wie auf der Scheibe eines Fensters. Dann hörte ich lautes Pochen und sah um mich, ehe ich begriff, daß es mein eigener Herzschlag war, der mir in den Ohren dröhnte. Mein Herz hatte sich schon gefürchtet, ehe ich es wußte.

Ich setzte mich auf einen Baumstamm am Straßenrand und versuchte zu überlegen. Es gelang mir nicht. Es war, als hätten mich alle Gedanken mit einem Schlag verlassen. Luchs kroch näher, und sein blutiger Speichel tropfte auf meinen Mantel. Ich streichelte ihn, bis er sich beruhigte. Und dann sahen wir beide hinüber zur Straße, die so still und glänzend im Morgenlicht lag.

Ich stand noch dreimal auf und überzeugte mich davon, daß hier, drei Meter vor mir, wirklich etwas Unsichtbares, Glattes, Kühles war, das mich am Weitergehen hinderte. Ich dachte an eine Sinnestäuschung, aber ich wußte natürlich, daß es nichts Derartiges war. Ich hätte mich leichter mit einer kleinen Verrücktheit abgefunden als mit dem schrecklichen unsichtbaren Ding. Aber da war Luchs mit seinem blutenden Maul, und da war die Beule auf meiner Stirn, die anfing zu schmerzen.

Ich weiß nicht, wie lange ich auf dem Baumstamm sitzen blieb, aber ich erinnere mich, daß meine Gedanken immerfort um ganz nebensächliche Dinge kreisten, als wollten sie sich um keinen Preis mit der unfaßbaren Erfahrung abgeben.

Die Sonne stieg höher und wärmte meinen Rücken. Luchs schleckte und schleckte und hörte schließlich auf zu bluten. Er konnte sich nicht arg verletzt haben.

Ich begriff, daß ich etwas unternehmen mußte, und befahl Luchs, sitzen zu bleiben. Dann näherte ich mich vorsichtig mit ausgestreckten Händen dem unsichtbaren Hindernis und tastete mich an ihm entlang, bis ich an den letzten Felsen der Schlucht stieß. Hier kam ich nicht weiter. Auf der anderen Seite der Straße kam ich bis zum Bach, und jetzt erst bemerkte ich, daß der Bach ein wenig gestaut war und aus den Ufern trat. Er führte aber nur wenig Wasser. Der ganze April war trocken gewesen und die Schneeschmelze schon vorüber. Auf der anderen Seite der Wand, ich habe mir angewöhnt, das Ding die Wand zu nennen, denn irgendeinen Namen mußte ich ihm ja geben, da es nun einmal da war – auf der anderen

Seite also lag das Bachbett eine kleine Strecke fast trocken, und dann floß das Wasser in einem Rinnsal weiter. Offenbar hatte es sich schon durch das durchlässige Kalkgestein gegraben. Die Wand konnte also nicht tief in die Erde reichen. Eine flüchtige Erleichterung durchzuckte mich.

Ich mochte den gestauten Bach nicht überqueren. Es war nicht anzunehmen, daß die Wand plötzlich aufhörte, denn dann wäre es Hugo und Luise ein leichtes gewesen, zurückzukommen.

Plötzlich fiel mir auf, was mich im Unterbewußtsein schon die ganze Zeit gequält haben mochte, daß die Straße völlig leer lag. Irgend jemand mußte doch längst Alarm geschlagen haben. Es wäre natürlich gewesen, hätten sich die Dorfleute neugierig vor der Wand angesammelt. Selbst wenn keiner von ihnen die Wand entdeckt hatte, mußten doch Hugo und Luise auf sie gestoßen sein. Daß kein einziger Mensch zu sehen war, erschien mir noch rätselhafter als die Wand.

Material 2

Marlen Haushofer
Die Wand (Textausschnitt 2)

Vorbemerkung:
Die von der Außenwelt mittels der „Wand" radikal abgeschlossene Erzählerin überlebt in der Bergwelt, allein und völlig auf sich gestellt, mit einer Kuh, Bella, die dann auch ein Stierkalb, „Stier" genannt, gebiert, mit Luchs, der zu ihrem engsten Vertrauten wird, und mit einer halbwilden Katze, deren Junge aber im Laufe des Textes umkommen. Diese Verluste werden von der Erzählerin als besonders schmerzlich erfahren. In den Sommermonaten lebt die Erzählerin Bella und Stier zuliebe nicht in der Jagdhütte, sondern auf einer Alm, muss aber von Zeit zu Zeit für einen Tag zur Jagdhütte absteigen, um nach dem überlebenswichtigen Kartoffelacker zu sehen. Als sie im dritten Sommer nach dem Entstehen der „Wand" am Abend eines solchen Tages wieder zur Alm aufsteigt, widerfährt ihr folgendes Geschehnis, das auch das Ende des Romans einläutet.

Gegen fünf Uhr erreichte ich die Alm. Plötzlich, ich konnte die Hütte noch gar nicht richtig sehen, stutzte Luchs und rannte dann mit wütendem Gebell über die Wiese. Ich hatte ihn noch nie auf diese Weise bellen gehört, grollend und haßerfüllt. Ich wußte sofort, daß etwas Schreckliches geschehen war. Als die Hütte mir nicht mehr die Sicht verdeckte, sah ich es. Ein Mensch, ein fremder Mann, stand auf der Weide, und vor ihm lag Stier. Ich konnte sehen, daß er tot war, ein riesiger graubrauner Hügel. Luchs sprang den Mann an und schnappte nach seiner Kehle. Ich pfiff ihn gellend zurück, und er gehorchte und blieb grollend und mit gesträubtem Fell vor dem Fremden stehen. Ich stürzte in die Hütte und riß das Gewahr von der Wand. Es dauerte ein paar Sekunden, aber diese paar Sekunden kosteten Luchs das Leben. Warum konnte ich nicht schneller laufen? Noch während ich auf die Wiese rannte, sah ich das Aufblitzen des Beils und hörte es dumpf auf Luchs' Schädel aufschlagen.

Ich zielte und drückte ab, aber da war Luchs schon tot.

Der Mann ließ die Axt fallen und sank, in einer sonderbaren kreiselnden Bewegung, in sich zusammen. Ich beachtete ihn gar nicht, als ich neben Luchs hinkniete.

Aufgabenanalyse

In der Aufgabenstellung sind folgende Operatoren zu beachten, die eindeutige Anweisungen für die Bearbeitung der Aufgabe darstellen:

Teilaufgabe a):

Erschließen und **Interpretieren** heißt, einen Zusammenhang zwischen Textstruktur (Inhalt und Aufbau des Textes) und Textintention herzustellen.
Unter besonderer Berücksichtigung der Argumentationsweise wird dabei zunächst die Struktur des Textes (hier: die Ebene der Geschichte mit ihren Figuren und Handlungen und ihrer Raum- und Zeitstruktur sowie die Ebene der Vermittlung mit Erzähler, Perspektive und Erzählweise) erfasst, also erschlossen.
Im zweiten Schritt werden dann die Ergebnisse der Analyse interpretiert, d.h. auf ihre Wirkungsabsicht oder Intention hin befragt.

Mit **untersuchen** ist gemeint, je nach Aufgabenstellung an Texten, Textaussagen, Problemstellungen oder Sachverhalten Schritt für Schritt kriterienorientiert bzw. aspektgeleitet zu arbeiten. Dabei geht es darum, zu klären, inwieweit Sachverhalte wiedergegeben und/oder bewertet, Thesen aufgestellt, Belege und Beispiele angeführt oder Schlüsse gezogen werden. Es wird die Frage gestellt, inwieweit die Argumente stichhaltig sind und die Beweisführung einem logischen Aufbau folgt.

Teilaufgabe b^1):

(Auf-)Zeigen bedeutet, ein Analyseergebnis, ein Urteil, eine Einschätzung oder eine Wertung fachlich und sachlich abzusichern (durch einen entsprechenden Beleg, durch Beispiele oder eine Argumentation). Im konkreten Fall b^1) soll dies in Bezug auf den Text geschehen (die Wertigkeit menschlichen vs. tierisch-kreatürlichen Lebens) sowie in Bezug auf die in der damaligen historischen Wirklichkeit vorherrschenden Geschlechterrollen.

Teilaufgabe b^2):

Erläutern heißt in diesem Zusammenhang begründend darzulegen, warum gerade literarische Texte als Experimentierfeld genutzt werden, um ein Individuum von seinem sozialen Umfeld radikal zu trennen. Der in der Frage bereits genannte Text Defoes, der Ihnen einigermaßen bekannt sein dürfte, gibt hier Anregung, ebenso wie der Text Haushofers. Von Vorteil ist, wenn Sie andere Texte kennen, die sich hier einordnen lassen (etwa Kiplings „Dschungelbuch", Glavinics' „Die Arbeit der Nacht" etc.)

Angeleitete Bearbeitung der Aufgabe

1. Bearbeitung der Teilaufgabe a)

Erschließen und interpretieren Sie den folgenden Romanauszug (Material 1) der österreichischen Autorin Marlen Haushofer (1920–1970), indem Sie zum einen die Ebene der Geschichte (Figuren, Handlung), zum anderen die Ebene der Vermittlung (Erzähler, Perspektive) untersuchen. Gehen Sie dabei insbesondere darauf ein, wie die Hauptfigur mit der Veränderung der „Normalität" umgeht.

1.1 Lesen Sie den Textausschnitt (Material 1) gründlich. Unterstreichen Sie dabei Figurennamen sowie Orts- und Zeitangaben und markieren Sie die wesentlichen Handlungsschritte.

Hilfestellung:
Bei der Lektüre achten Sie bei diesem ersten Arbeitsschritt darauf, wie die im Text modellierte Welt ausgestattet ist. Die Frage zielt also auf die Ebene der Geschichte: Welche Figuren sind beteiligt, welche Handlung wird ausgeführt, wie konstituieren sich Ort und Zeit?
Die namentlich genannten **Figuren** sind Ihnen durch den kursiven Vorspann bereits bekannt: Es handelt sich um das Ehepaar Hugo und Luise Rüttlinger, die Namen werden im Text explizit genannt (Z. 3 und 16). Dazu kommt die Figur, die im Text mit „ich" benannt wird – es ist interessant anzumerken, dass ihr Name nicht genannt wird. Ferner ist zu überlegen, ob nicht die Tiere des Textes ebenfalls Figurenstatus haben: Sie werden mit Namen genannt und es entsteht Kommunikation zwischen der Ich-Figur und ihnen. Des weiteren wird ein „Jäger" genannt, der allerdings nicht als Figur auftritt. (Z. 2 f.)
Mit der Frage nach dem **Ort** des Geschehens wird auch die Frage nach der räumlichen Gesamtgestaltung des Textes gestellt. Hier ist zu überlegen: Verbleibt die Ich-Figur an einem Ort, gibt es Ortswechsel? Gibt es jenseits der Orte, an denen die Figur sich befindet, noch andere, die womöglich in Kontrast zu dem Ort der Figur stehen? Hier ist es – wie auch sonst häufig – sinnvoll zu überlegen, ob sich Räume konstituieren, die zueinander in Opposition stehen. Diesen Räumen sind dann in der Regel konkrete Orte zugeordnet.
Was die **Zeit** betrifft, so ist jede Geschichte einer Chronologie unterworfen. Es vergeht zwischen dem Beginn der Geschichte und ihrem Ende also Zeit. Markieren Sie hier die Stellen, die Zeit(punkte) thematisieren: „Es war acht Uhr" (Z. 9), „Die Sonne stieg höher ..." (Z. 53) etc. In der Markierung der Handlungsschritte sollten Sie nicht zu kleinschrittig vorgehen. Aus dem vorliegenden Abschnitt lassen sich etwa vier Handlungsschritte abstrahieren.

1.2 In einer zweiten Lektüre markieren Sie Hinweise auf die Erzählform, auf die Erzählsituation und die Erzählperspektive. Überlegen Sie, welche Erzählweise den Ausschnitt dominiert.

Hilfestellung: Erzähltechnik[1]
Als „Erzählform" bezeichnet man die Frage, unter welcher grammatikalischen Person der Erzähler auftritt („Ich" vs. „Er"); die „Erzählsituation" bestimmt, ob der Erzähler „auktorial", d.h. allwissend und sich aktiv einmischend auftritt, oder ob er „neutral", d.h. ohne auf sich als Erzähler aufmerksam zu machen, agiert. Beide Erzähler sind auch Perspektivträger, ihre visuelle, emotionale, ggf. ideologische Sicht bestimmt die Art, wie der Leser die

[1] Vgl. KombiKOMPAKT 11, Erzähltechnische Fachbegriffe, S. 253 f. und KombiKOMPAKT 12, S. 130

Geschichte vermittelt bekommt. Ein „personaler" Erzähler hingegen schlüpft in eine oder mehrere seiner Figuren hinein und übernimmt deren Sicht auf das Geschehen.
Die Erzählperspektive klärt, ob der Erzähler Einblick in das Innenleben seiner Figuren gibt oder nicht. Ein personaler Erzähler hat – logischerweise – nur die Möglichkeit, Einblick in sein eigenes Innenleben zu geben, nicht in das anderer Figuren.
Beachten Sie, dass ein „Ich" im Erzähltext zweierlei Funktion erfüllt: Zum einen handelt es sich um den Erzähler, der die Geschichte – in der Regel mit gehörigem zeitlichen Abstand zum Geschehenen – vermittelt, zum anderen ist das „Ich" aber auch als Figur, d. h. nicht Erzählender, sondern Handlungsträger, im Text präsent. Im Bezug auf die Erzählsituation ist damit zu überlegen, ob der Ich-Erzähler aus seiner jetzigen Sicht (z. B. der des nunmehr Gealterten, Mehrwissenden) oder aus der Sicht des jüngeren Figuren-Ich die Geschichte wahrnimmt. Wenn es also im vorliegenden Text heißt: „Vielleicht hatte Hugo einen Herzanfall erlitten" (Z. 16 f.), so ist klar, dass dieser Satz nur aus der Sicht des Figuren-Ich geäußert werden kann, da die Erzählinstanz ja bereits über das Mehrwissen verfügt, dass die „Wand" das Ehepaar nicht mehr hatte zurückkehren lassen.
Die Erzählweise klärt, in welcher Form die Geschichte dargeboten wird. Dabei lässt sich unterscheiden in Erzählweisen, die Handlung vermitteln, und solche, in denen keine Handlung vermittelt wird. Zu letzteren gehören prominent die Beschreibung (von Figuren, Orten etc.) und der Erzählerkommentar (beispielsweise zu Figuren oder ihren Handlungen oder aber zum Erzählen selbst). Erzählweisen, die Handlung vermitteln, können dies auf zwei Arten tun: einmal raffend in der Erzählweise des Berichts (Beispiel: „Er stand auf, taumelte ins Bad und betrachtete sein verwüstetes Gesicht im Spiegel") oder aber der szenischen Darstellung, die in der Regel in der Form des Dialogs, der (freien) indirekten Rede oder des inneren Monologs gehalten ist (Beispiel: „Wo war er nur? Ach ja, in seinem Bett. Aber wie ins Bad gelangen? Warum schwankte der Boden unter ihm? Da – das Waschbecken. Er hob den Blick. Wer sah ihm da aus dem Spiegel entgegen? War das er selbst?")

1.3 Notieren Sie schließlich in einem dritten Lektüredurchgang sprachliche Auffälligkeiten (rhetorische Figuren, Komplexitätsgrad des Satzbaus etc.), die der Text aufweist.

Hilfestellung:
Auch epische Texte können – wie insbesondere lyrische – gezielt rhetorische Mittel[1] einsetzen. Solche rhetorischen Mittel können u. a. auf folgende Weise wirken: einmal im Bezug auf die Kommunikationsteilnehmer (Bsp. rhetorische Frage), zum anderen im Bezug auf die Syntax der Erzählung (z. B. Wortwiederholungsfiguren) oder durch besondere semantische Figuren, wenn beispielsweise ein gemeintes Wort durch ein uneigentliches ersetzt wird (Bsp. Metapher). Alle rhetorischen Mittel haben die Funktion, durch den Verstoß gegen den „normalen" Sprachgebrauch die Aufmerksamkeit auf interpretationswürdige Textstellen zu lenken; sie sind ferner dazu da, einen Text ästhetisch aufzuwerten.
Überlegen Sie, ob der Ausschnitt aus Haushofers Roman solche rhetorischen Mittel nutzt. Wenn Sie dieser Ansicht sind, müssten Sie dies an zwei bis drei signifikanten Beispielen nachweisen und – besonders wichtig – diesen Mitteln auch eine Funktion für den Text zuweisen. Wenn Sie nicht dieser Ansicht sind, dann sollten Sie begründen, warum Ihrer Ansicht nach der Text auf solchen rhetorischen Schmuck verzichtet.
Dasselbe gilt für die Bewertung der Syntax[2], die im Text generell zur Anwendung kommt: Handelt es sich um komplexe, in vielfältigen Abhängigkeiten miteinander verschachtelte Haupt- und Nebensätze (Hypotaxe) oder um einen klaren, einfachen Satzbau, der einem Hauptsatz nicht mehr als einen Nebensatz unterordnet (Parataxe)?
Was diesen Textausschnitt betrifft, so sollten Sie im Hinblick auf die Aufgabe 1.4 über-

[1] Vgl. KombiKOMPAKT 11, Sprachliche Mittel, S. 278 ff.

[2] Vgl. KombiKOMPAKT 11, Syntax, S. 269 ff.

legen, in welcher Weise der Satzbau beitragen kann, die Wirklichkeit auf ihre „Normalität" hin abzuklopfen – etwa durch kausale, konzessive etc. Nebensätze, eingeschobene Begründungen etc.

1.4 Halten Sie mit Randbemerkungen fest, wann immer die Hauptfigur Veränderungen im Hinblick darauf bemerkt, was sie als „Normalität" kennt. Gibt es niederrangige bzw. hochrangige Veränderungen, und wie nimmt die Figur diese unterschiedlichen Veränderungen wahr?

Hilfestellung:
An einem Beispiel sei die Fragestellung erläutert: Der erste Verstoß gegen eine von der Ich-Figur erwartete Normalität findet sich bereits im zweiten Satz: „Da wir nur einen Hüttenschlüssel mithatten, der zweite lag beim Jäger, hätten Luise und Hugo mich bei ihrer Rückkehr wecken müssen." (Z. 2 f.). Listen Sie diese Verstöße auf: Wie geht die Figur mit den Verstößen gegen die erwartbare Wirklichkeit um, die sich nicht mehr rational erklären lassen? Analysieren Sie, ob syntaktische Besonderheiten auf diese Verstöße hinweisen.

2. Bearbeitung der Teilaufgabe b[1])

Zeigen Sie anhand des Textausschnitts 2 (Material 2) die Rolle des fremden Mannes ebenso auf wie die Rolle, die die Tiere im Leben der Erzählerin spielen. Nutzen Sie Ihre Kenntnisse über das traditionelle Frauenbild der fünfziger und sechziger Jahre des vergangenen Jahrhunderts, um zu zeigen, inwiefern die Erzählerin der „Wand" dazu einen Gegenentwurf unternimmt.

2.1 Markieren Sie in diesem zweiten Textausschnitt (Material 2) die Passagen, die die Beziehung der Hauptfigur zu ihren Tieren bzw. zu dem fremden Mann illustrieren.

Hilfestellung:
Wie häufig, so ist es auch hier hilfreich, in Oppositionen zu argumentieren. Ihre Aufgabe ist es zu zeigen, dass die Beziehung der Hauptfigur zu ihren Tieren der Beziehung zu dem Mann diametral entgegengesetzt ist, was sich insbesondere in der Reaktion der Protagonistin auf den Tod des Mannes und des Hundes zeigt.

2.2 Greifen Sie auf Ihr Wissen über die Geschlechterrollen vor 1968 zurück und überlegen Sie, welche Attribute „dem Mann", welche „der Frau" zugeordnet wurden und in welcher Hierarchiebeziehung die Geschlechter zueinander gesehen wurden. Überlegen Sie dann, inwiefern die Hauptfigur in ihrem Denken, Fühlen und Verhalten von der zeitgenössischen Frauenrolle abweicht.

Hilfestellung:
Verwerten Sie alle Informationen aus dem Text und den Vorbemerkungen, die Sie über das Leben der Ich-Figur in der Bergenklave finden können und überlegen Sie, inwieweit die Frau in dieser Welt traditionell männliches Verhalten an den Tag legt bzw. legen muss. Legen Sie ferner dar, welches Verhalten einer einsamen alleinstehenden Frau einem Mann gegenüber in der Wildnis angebracht gewesen wäre und wie sich stattdessen die Frau verhält.

3. Bearbeitung der Teilaufgabe b[2])

Die radikale Abtrennung eines Protagonisten von menschlicher Zivilisation und mitmenschlichem Kontakt ist ein häufiger Topos der Literaturgeschichte (Bsp. Daniel Defoe, „Robinson Crusoe" von 1719). Erläutern Sie, worin für einen Autor / eine Autorin der Reiz eines solchen Experiments bestehen könnte.

3.1 Je mehr Textbeispiele Ihnen für den Topos „Abtrennung des Protagonisten von der Zivilisation" einfallen, desto ergiebiger werden Ihre Ausführungen. Erstellen Sie eine Skizze, in der Sie Varianten dieses Topos darstellen.

Hilfestellung zur Skizze:
Überlegen Sie, welche Handlungsvarianten sich eröffnen, wenn eine Figur von der sogenannten „Zivilisation" isoliert und in einen Naturraum verbracht wird (Möglichkeiten des Zurechtkommens bzw. Scheiterns).

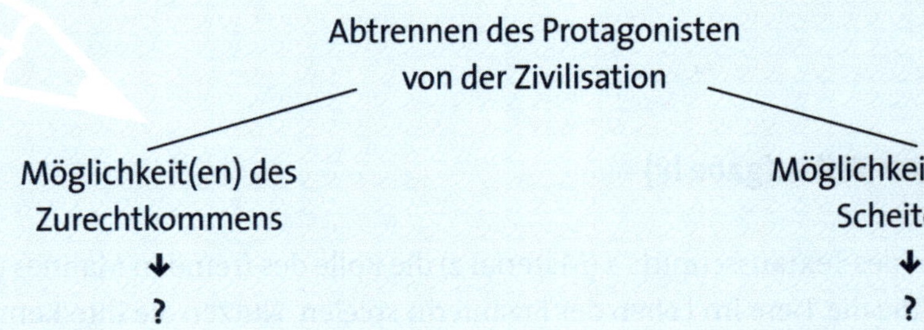

3.2 Wenn Sie keine Textvorkenntnisse haben, so gehen Sie genauer auf Robinson Crusoe ein und nehmen Sie auf den geistesgeschichtlichen Hintergrund (Aufklärung) Bezug.

Hilfestellung:
Aktivieren Sie Ihr Wissen über den Text und die Epoche ggf. mithilfe eines literaturwissenschaftlichen Lexikons.

4. Schreiben der Interpretationsaufsätze[1]

4.1 Erstellen Sie auf der Basis Ihrer Textbeobachtungen eine Gliederung Ihres Aufsatzes.

Hilfestellung: Gliederung
Beachten Sie dabei die formalen Bedingungen zur Erstellung einer Gliederung. Es ist sinnvoll, die Gliederungspunkte so zu formulieren, dass der Leser bereits hier darüber informiert wird, was Ihr Erkenntnisinteresse ist. Besonders gelungen ist ein Gliederungspunkt dann, wenn er bereits das Ergebnis Ihrer Analyse beinhaltet.

4.2 Verfassen Sie eine Einleitung zu Ihrem Aufsatz.

Hilfestellung: Einleitung
In der Einleitung zu Ihrem Aufsatz nennen Sie Autor, Entstehungsland und Entstehungsjahr des Textes. Sind Ihnen weitere Informationen zu dem Autor gesichert bekannt (etwa seine politische Gesinnung, seine Zugehörigkeit zu einer Schriftstellergruppe, knapper Lebenslauf, Literaturpreise etc.), so ist es vorteilhaft, diese einzuflechten.
Ferner benennen Sie knapp das zentrale Thema des vorliegenden Ausschnitts.

4.3 Verfassen Sie eine knappe Inhaltsangabe des vorliegenden Ausschnitts, die den ersten Gliederungspunkt Ihres Hauptteils zu bilden hat.

Hilfestellung:
Sie wissen, dass Sie in einer Inhaltsangabe nicht zu engschrittig am Text bleiben dürfen (Gefahr der Nacherzählung!), sondern die wesentlichen Figuren und Handlungsschritte mit Verweis auf die räumliche und zeitliche Verankerung des Geschehens nennen sollen. Dabei ist es sinnvoll, kausallogische Zusammenhänge herauszuarbeiten (Bsp.: „Um sich über den Verbleib des Ehepaares Rüttlinger zu informieren, bricht die Protagonistin in Richtung Dorf auf, wo sie die beiden vermutet.")

4.4 Führen Sie die weiteren Gliederungspunkte Ihres Hauptteils gemäß Ihrer Gliederung aus Ausgabe 4.1 aus.

4.5 Verfassen Sie den Schluss.

Hilfestellung:
Der Schluss fasst noch einmal die wesentlichen Ergebnisse Ihrer Untersuchung zusammen. Vermeiden Sie hier wie auch sonst persönliche Kommentare zum Text oder zum Autor, gleich ob lobende oder kritische.

5. Überarbeiten von Interpretationsbeispielen

FEHLER!

Überarbeiten Sie die nachstehenden Auszüge aus der Interpretation zu Haushofers Text nach folgenden Gesichtspunkten:
➔ Rechtschreib-, Grammatikfehler, Satzbau, Stil, Ausdruck
➔ Zeichensetzung und korrekte Zitierweise
➔ Richtigkeit der Texterschließung: korrekte Verwendung von Fachbegriffen, Vollständigkeit der Aussagen zum Text, logische Argumentation.

[1] Vgl. KombiKOMPAKT 11, Interpretation eines epischen Textes, S. 96 und KombiKOMPAKT 12, S. 120–142

Interpretationsbeispiel 1 (Befund zur Sprache und deren Funktion im Text)
Der Text ist in sehr einfacher Sprache geschrieben, es gibt eigentlich keine rhetorischen Mittel. Das lässt sich dadurch erklären das die Erzählerin eine einfache Frau ist, die sich nicht besonders gewählt ausdrückt.

Interpretationsbeispiel 2 (Inhaltsangabe)
Die Erzählerin fährt mit Freunden in die Berge zu einer Jagdhütte, die ihnen gehört. Die Freunde, d. h. das Ehepaar, gehen am Abend ins Dorfwirtshaus. Die Erzählerin bleibt daheim. Auch der Hund ist bei ihr. Als in der Früh das Ehepaar noch nicht zurück ist, wundert sich die Erzählerin und macht sich auf die Suche, wobei der Hund sie begleitet, der aber dann blutend und winselnd sich ihr nähert, was sie aber zuerst nicht versteht, bis sie selbst an die Wand anstößt, die sie als etwas Glattes und Kühles beschreibt und die sie dann entlanggeht, bis sie nicht mehr weiterkommt, obwohl sie sieht, dass der Bach auf der anderen Seite weiterfließt.
Sie überlegt dann auch, warum auf der anderen Seite der Wand keine Menschen sind.

Interpretationsbeispiel 3 (Erzählform, Erzählsituation, Erzählweise)

Hier gibt es eine Ich-Erzählsituation. Das kann man daran erkennen, dass hier ein Ich spricht. Als Leser nehmen wir die Perspektive dieses Ich, d. h. der Erzählerin ein. Wir sehen mit ihren Augen und denken das gleiche wie sie, z. B. als sie sagt, dass sie sicher war, im Schlafzimmer keinen Menschen zu finden, das Fenster war ja vergittert und selbst durch ein unvergittertes Fenster hätte Hugo sich nicht durchzwängen können.

Interpretationsbeispiel 4 (Bezug des Textes zur historischen Wirklichkeit)

Der Abschnitt zeigt, wie die normale Welt der Erzählerin sich plötzlich verändert. Erst merkt sie, dass das befreundete Ehepaar nicht nach Hause gekommen ist, dann fragt sie sich, was ihnen passiert sein könnte, und dann macht sie sich auf die Suche, bis sie auf die Wand stößt. Hier wird deutlich, dass ein Bezug zum kalten Krieg aufgebaut wird, denn es ist eine Veränderung wie nach einem Atomkrieg, wo eine einzelne Person durch Zufall überlebt, aber alle anderen schon tot sind. Marlen Haushofer will hier auf die Gefahren eines atomaren Angriffs aufmerksam machen.

Verfassen einer materialgestützten Erörterung

Aufgabe

Diskutieren Sie differenziert die digitale Lehrerbewertung im Internet (www.spickmich.de)! Beziehen Sie sich bei Ihren Ausführungen auch auf die beigefügten Bild- und Textmaterialien!

Materialien

Material 1

Bundesgerichtshof entschied über die Zulässigkeit einer Lehrerbewertung im Internet (www.spickmich.de)

Quelle: BGH Karlsruhe vom 27.06.09, aus: bpv (Bayerischen Philologenverband), Nr. 8–9/2009

Die Parteien streiten über die Zulässigkeit der Bewertung der Leistungen der Klägerin als Lehrerin mit Namensnennung durch Schüler auf der Website www.spickmich.de, die von den Beklagten gestaltet und verwaltet wird. Zugang zu dem Portal haben nur registrierte Nutzer. Die Registrierung erfolgt nach Eingabe des Namens der Schule, des Schulortes, eines Benutzernamens und einer Email-Adresse. An die Email-Adresse wird ein Passwort versandt, das den Zugang zu dem Portal eröffnet. Die mit den Schulnoten 1 bis 6 abzugebenden Bewertungen sind an vorgegebene Kriterien gebunden wie etwa cool und witzig, beliebt, motiviert, menschlich, gelassen und guter Unterricht. Ein eigener Textbeitrag des Bewertenden ist nicht möglich. Aus dem Durchschnitt der anonym abgegebenen Bewertungen wird eine Gesamtnote errechnet. Die Nutzer können außerdem auf einer Zitatseite angebliche Zitate der bewerteten Lehrer einstellen. Die Klägerin, deren Name und Funktion auch der Homepage der Schule, an der sie unterrichtet, entnommen werden kann, erhielt für das Unterrichtsfach Deutsch eine Gesamtbewertung von 4,3. Ihr zugeschriebene Zitate wurden bisher nicht eingestellt. Mit der Klage verfolgt die Klägerin einen Anspruch auf Löschung bzw. Unterlassung der Veröffentlichung ihres Namens, des Namens der Schule, der unterrichteten Fächer im Zusammenhang mit einer Gesamt- und Einzelbewertung und der Zitat- und Zeugnisseite auf der Homepage www.spickmich.de. Sie blieb in den Vorinstanzen erfolglos.

Der u.a. für den Schutz des Persönlichkeitsrechts und Ansprüche aus dem Bundesdatenschutzgesetz zuständige VI. Zivilsenat des Bundesgerichtshofs hat die dagegen von der Klägerin eingelegte Revision zurückgewiesen.

Unter den Umständen des Streitfalls hat der BGH die Erhebung, Speicherung und Übermittlung der Daten trotz der fehlenden Einwilligung der Klägerin für zulässig gehalten. Zwar umfasst der Begriff der personenbezogenen Daten nicht nur klassische Daten wie etwa den Namen oder den Geburtsort, sondern auch Meinungsäußerungen und Beurteilungen, die sich auf einen bestimmten oder bestimmbaren Betroffenen beziehen. Für die Erhebung, Speicherung und Übermittlung solcher Daten in automatisierten Verfahren gelten grundsätzlich die Vorschriften des Bundesdatenschutzgesetzes. Die Erhebung und Speicherung von Daten zur Übermittlung an Dritte ist auch ohne Einwilligung des Betroffenen nach § 29 BDSG u.a. dann zulässig, wenn ein Grund zu der Annahme eines schutzwürdigen Interesses an dem Ausschluss der Datenerhebung und -Speicherung nicht gegeben ist. Ein entgegenstehendes Interesse der Klägerin hat der BGH nach Abwägung des Rechts auf informationelle Selbstbestimmung einerseits und des Rechts auf freien Meinungsaustausch

andererseits für nicht gegeben erachtet. Die Bewertungen stellen Meinungsäußerungen dar, die die berufliche Tätigkeit der Klägerin betreffen, bei der der Einzelne grundsätzlich nicht den gleichen Schutz wie in der Privatsphäre genießt. Konkrete Beeinträchtigungen hat die Klägerin nicht geltend gemacht. Die Äußerungen sind weder schmähend noch der Form nach beleidigend. Dass die Bewertungen anonym abgegeben werden, macht sie nicht unzulässig, weil das Recht auf Meinungsfreiheit nicht an die Zuordnung der Äußerung an ein bestimmtes Individuum gebunden ist. Die Meinungsfreiheit umfasst grundsätzlich das Recht, das Verbreitungsmedium frei zu bestimmen.
Auch die Zulässigkeit der Übermittlung der Daten an den Nutzer kann nur aufgrund einer Gesamtabwägung zwischen dem Persönlichkeitsschutz des Betroffenen und dem Recht auf Kommunikationsfreiheit im jeweiligen Einzelfall beurteilt werden. Im Streitfall ist im Hinblick auf die geringe Aussagekraft und Eingriffsqualität der Daten und die Zugangsbeschränkungen zum Portal die Datenübermittlung nicht von vornherein unzulässig. Besondere Umstände, die der Übermittlung im konkreten Fall entgegenstehen könnten, hat die Klägerin nicht vorgetragen.

Urteil vom 23. Juni 2009 – VI ZR 196/08 LG Köln – 28 O 319/07 – Urteil vom 30. Januar 2008 OLG Köln 15 U 43/08 – Urteil vom 3. Juli 2008 (BGH Karlsruhe vom 27. 06. 09)

Material 2

Stiftung Lehrertest

Quelle: bpv (Bayerischer Philologenverband) Nr. 8–9/2009

Die schönsten bildungspolitischen Themen sind die kostenlosen. Während man zur Generalsanierung versiffter Schulanlagen, zur Personaldeckung eines wirklichen Ganztagsbetriebs oder zur Lieferung von mehr als essbarer Mensanahrung die Milliarden bräuchte, mit welchen man notleidenden Banken und Industrieunternehmen nun öffentlich aushelfen muss, nachdem sie diese privat versenkt haben, steigert die Diskussion um die digitale Lehrerbewertung geradezu das Lustprinzip: Darf man es den Pädagogen via Internet endlich einmal notenmäßig heimzahlen? Na klar!

Das orkanartige Händereiben, welches sich nach der dritten Gerichtsentscheidung zugunsten der Betreiber des Internetportals „spickmich" republikweit einstellte, hätte ich unserem Berufsstand allgemein und der Klägerin speziell gern erspart. Doch ähnlich wie um überhängende Kirschbaumzweige streitende Nachbarn war wohl auch sie dem Vorurteil erlegen, gegen Beeinträchtigungen des Lebensgefühls biete die Justiz Trost und Hilfe – wiewohl jedes praktizierende Organ der Rechtspflege weiß, dass man hierbei Problem und Lösung verwechselt: Hinterher bearbeitet man ordnerweise Schriftsätze, statt den Wildwuchs schlicht zu ignorieren. Etwas mag zweckfrei, dämlich oder sogar unmoralisch sein – illegal ist es deshalb noch lange nicht. Immerhin hat die klagende Lehrerin eines erreicht: Ihr Notendurchschnitt bei „spickmich“ verbesserte sich im letzten Jahr von 4,3 auf 2,9 (ein auch bei prozessierenden Eltern vertrauter Effekt...).

Die ärgerlichste Folge des Wedelns mit den schwarzen oder gar roten Roben besteht darin, dass die öffentliche Diskussion sich nun darum dreht, ob es den Schülern erlaubt sei, in dieser Form Lehrer zu bewerten, anstatt dass darüber argumentiert wird, wie fachlich kompetent, differenziert und sinnvoll diese Art der „Evaluation" ist. Nun dürfen sich die Eigentümer dieser Plattform ungeniert als edle Streiter für die Meinungsfreiheit gerieren, wo sie in Wahrheit die Gewerbefreiheit bewegt: Wer sich die einschlägigen Seiten im Internet einmal ansieht, hat zunächst Mühe mit der Beschaffung sachlicher Informationen, denn er wird von Werbung erschlagen (im Angebot sind auch Berufsunfähigkeitsversicherungen für Lehrkräfte, wahrlich, auch hier wird Hilfe bei Problemen angeboten, die man erst selber schafft...). Die Schule ist halt eine der wenigen noch verbleibenden Institutionen, welche den jungen Menschen fast kostenlos ihre Dienste anbietet – oft genug, ob nun bei überteuerten Markenklamotten, diversen Chatforen oder beim Herunterladen von beschwipsten Elchen als Handyklingelton, die Absicht ist klar: Es geht um Kohle. Der Begriff „freie Meinungsäußerung“ stimmt: Es werden Meinungen frei veräußert.

Da helfen auch nicht die weiteren hehren Beweggründe solcher Plattitüden-Foren: Man könne im Schülernetzwerk mit Gleichaltrigen kommunizieren, neue Leute kennen lernen, in Interessenclubs eintreten und vieles mehr. Das Ganze wird dann noch mit einem Verbum gekennzeichnet, welches als liebste Beschäftigung der Schüler werbeträchtig erscheint. Doch in Wirklichkeit sollen diese ja nicht sich, sondern ihren Lehrer mit unbewiesenen Behauptungen spicken. Aber im Gegensatz zur Küche macht es das Kraut nicht fett – doch man riecht den Braten: Tatsächlich verletzen Jugendliche ihr eigenes Persönlichkeitsrecht oft mehr als das ihrer Lehrer, da sie sich nicht klar machen, wie öffentlich Privates im weltweiten Netz sein kann und daher ein ehemals lustiges Saufgelage – Foto Jahre später auf dem Bildschirm ihres Personalchefs flimmert. Man fühlt sich an das Schützenvereins – Motto erinnert: „Schießen lernen, Freunde treffen.“ Doch wie bei allen Dealern mit chipgesteuertem Nonsens findet man den beruhigenden Hinweis, der Zugang sei nicht öffentlich, da man sich vorher anmelden müsse, und zudem würde das System „Frust- und Spaßbewertungen“ aussortieren. Bleibt mir nur die Frage: Wenn ich das schon als EDV-Laie lustig finde – wie lange dauert dann der Lachkrampf eines auch nur mäßig versierten Hackers?

Weiterhin gehört es klar ins pädagogische Entenhausen, die Bewertungen durch Schüler und Lehrer gleichermaßen mit dem Homonym „Noten“ zu bezeichnen. Die im Zeugnis stehenden Ziffern müssen vielfältigen rechtlichen Normen genügen und sachlich belegbar sein (schon falls mal wieder die Eltern statt der Lehrer prozesshanseln...) – die zehn „Kriterien“ von „spickmich“ dagegen stellen weitgehend gefällig klingende, modische Worthülsen dar, die halt mittels begründungsfreier Zahl zu kennzeichnen sind. Mit zehn Mausklicks und in zwei Minuten hat man das Ergebnis eines Studiums und jahrelanger Berufstätigkeit im Nu erledigt: So einfach gestaltet sich das Lehrer–DSDS–Bohlen[1] statt Pestalozzi[2]! [...]

Im krassen Widerspruch zur „coolen“ Anmutung reanimiert dieser „benote deinen Lehrer“ – Mumpitz eine uralte Kamelle aus der Mottenkiste: Wie es in der Schule läuft, hängt halt nur vom Lehrer ab. Dass Unterricht ein Interaktionsprozess ist, hat sich bei den digitalen Beutelschneidern noch nicht herumgesprochen, sonst hätte man ja auf Fragen zur Selbsteinschätzung der Schüler und der Klassengemeinschaft kommen können – allerdings dann wohl nicht eine Million User gehabt. Dies allerdings ist neu: Die jungen Menschen werden in der öffentliche Wahrnehmung nicht mehr als zu erziehende Individuen gesehen, sondern als Kunden, die einen Gratislehrgang zur Erlangung eines Abschlusses bestellen und sich ansonsten das Ringen um ihre Persönlichkeitsentwicklung verbitten. Für die kostenlos gelieferten Artikel gibt es dann wie im Versandhandel ein Rückgaberecht: Von der Quelle[3] der Erkenntnis geht der Trend zum gleichnamigen Kataloganbieter. Doch wo Bildung als Ware gesehen wird, gründet sich halt auch eine Stiftung Warentest...
Weitere Rankings sind schon in Planung: Eltern bewerten die Schule, Patienten die Ärzte – der Fantasie sind keine Grenzen gesetzt. Oder vielleicht doch? Eine Seite, auf der Kinder ihre Eltern beurteilen („www.erziehmich.de“) würde wohl entschieden bekämpft, trotz oder besser wegen der steigenden Defizite in diesem Bereich! [...]

[1] Abkürzung für die Fernsehshow „Deutschland sucht den Superstar“ (DSDS) mit Dieter Bohlen als Jurymitglied
[2] J. H. Pestalozzi (1746–1827), Schweizer Pädagoge, bewirkte eine Erneuerung der Erziehung in Europa

[3] Insolvenz der Firma QUELLE im Herbst 2009

Bevor wir uns endgültig aufregen, sollten wir uns an eine Binsenweisheit der Kommunikationslehre erinnern: Informationen erhalten erst dadurch eine Bedeutung, dass sie jemand zur Kenntnis nimmt. Wir Lehrer kriegen ja keine Zeugnisse überreicht, es sei denn, dass wir sie uns selber per Mausklick abholen und somit in die „schulradar.de" – Falle tappen. Halten wir uns tunlichst an den Altmeister der Satire, Kurt Tucholsky[4]: Gar nicht erst ignorieren! www.spickmich.de? Ach, spickt euch doch selber...

Gerhard Riedl

[4] K. Tucholsky (1890–1935), deutscher Schriftsteller und Journalist

Material 3

„Wenn das nicht besser wird, gibt's eine 5..."
Quelle: bpv (Zeitschrift des bayerischen Philologenverbandes) Nr.8–9/2009

Aufgabenanalyse

In dieser Aufgabe werden neue Akzente der Schreiberziehung sichtbar. Es handelt sich um eine kompetenzorientierte Fragestellung, in deren Bearbeitung Sie Ihre Sprach-, Formulierungs- und Argumentationsfähigkeiten in lehrplangemäßen Kontexten aufzeigen können. Sie sollen zentrale Aspekte der Problemstellung inhaltlich fundiert und auf der Basis eigener Überlegungen erörtern. Hierzu erhalten Sie verschiedene Materialien, die Sie zur Lösung der Aufgabe heranziehen und zur Stoffsammlung auswerten müssen. Dabei sollen Kerngedanken bzw. –argumente aufgegriffen und inhaltlich selbständig verarbeitet werden. Die verschiedenen Materialien liefern Informationen unterschiedlicher Art, z. B. sachlich oder meinungsbildend (vgl. Glosse, Karikatur), was unbedingt berücksichtigt werden muss, um die Qualität der Äußerungen bzw. Argumente einschätzen zu können. Darüber hinaus wird vorausgesetzt, dass Sie sich mit aktuellen politischen und gesellschaftlichen Themen, hier der Diskussion um die Internet-Plattform www.spickmich.de in den Medien, auseinandergesetzt haben. Dieses Hintergrundwissen fließt dann in Ihre Erörterung mit ein.
Ein wichtiges Bewertungskriterium ist, inwieweit Sie sich von den vorgegebenen Materialien lösen und in einer eigenständigen sprachlichen Darstellung die verschiedenen Positionen überzeugend abwägen können.
Um die Aufgabenstellung umfassend zu bearbeiten, ist es unerlässlich, auf die vorkommenden **Operatoren**, d. h. hinweisende Wörter, die eine bestimmte Arbeitsmethode nach sich ziehen, richtig zu reagieren. So kann es in der Abiturprüfung sinnvoll sein, sich diese zu markieren, um die geforderten Arbeitsschritte in Ihrer Antwort umzusetzen:
Diskutieren Sie **differenziert** die digitale Lehrerbewertung im Internet (www.spickmich.de)!
Beziehen Sie sich bei Ihren Ausführungen **auch auf** die beigefügten Bild- und Textmaterialien!
Diskutieren erfordert das Abwägen von mindestens zwei Positionen zu einer bestimmten Thematik. Dies muss nicht unbedingt klassisch im Sinne von Pro und Contra geschehen, sondern kann sich auch auf verschiedene Standpunkte, z. B. Berufsgruppen beziehen.
Ähnliches gilt für das Adverb **differenziert**. So ist hier eine umfassende Darstellung des Meinungsbildes zur Internet-Plattform www.spickmich.de zu diskutieren, d.h. die verschiedenen Perspektiven, z. B. Lehrer, Schüler, evtl. Eltern und Internet-Plattform-Betreiber, müssen eingenommen und bewertet werden.
Beziehen Sie sich auch auf verpflichtet Sie zur gewissenhaften Aufarbeitung der beigefügten Bild- und Textmaterialien. Daraus resultierende Ergebnisse müssen in Ihrer Erörterung anschließend deutlich sichtbar werden, indem Sie Textbezüge (z. B. durch Verweise oder Zitate) herstellen. Darüber hinaus setzt **auch** voraus, dass Sie über weiteres Zusatzwissen zu diesem Thema verfügen und dies in Ihre Ausarbeitung einfließen lassen.

Angeleitete Bearbeitung der Aufgabe

1. Einordnung und Gewichtung der Materialien[1]

Zunächst gilt es, die vorgegebenen Materialien in qualitativer Hinsicht einzuordnen und zu bestimmen. So ist es für die Stoffsammlung unbedingt nötig, die Herkunft bzw. Quelle und die Textsorte zu berücksichtigen, da dies großen Einfluss auf die Qualität und die daraus resultierende Bewertung der angeführten Argumente hat.

1.1 Überprüfen Sie die Qualität der vorgegebenen Materialien, indem Sie die Quellen in einem kurzen Text schriftlich beurteilen.

Hilfestellung: Einordnung der Materialien (Frage nach der Qualität)
Bei der Quellenangabe ist es wichtig zu differenzieren, inwieweit es sich um eine seriöse Quelle handelt, womit u. a. qualitativ hochwertige Tages- oder Wochenzeitungen (z. B. DIE ZEIT, Süddeutsche Zeitung usw.) oder politische Zeitschriften (z. B. Spiegel usw.) gemeint sind. Bei diesen Medien kann man davon ausgehen, dass die Informationen fundiert und gut recherchiert sind. Anders ist es hingegen mit Boulevardmedien (z. B. BILD-Zeitung o. Ä.), die teilweise sehr tendentiös sind, d. h. nicht objektiv sachlich berichten und auch Scheinwahrheiten enthalten können.
Heutzutage erhält man auch sehr viele Informationen über das Internet. Hier gilt besondere Vorsicht, denn im WorldWideWeb ist es nicht immer möglich, die Urheberschaft bzw. Herkunft von Texten, Bildern, Kommentaren usw. genau festzustellen und einzuordnen. Als mögliche Materialquelle wäre hier Wikipedia zu nennen, ein virtuelles Lexikon. Die normalerweise vorausgesetzte Qualität für Lexika (z. B. Brockhaus o. Ä.) ist hier immer zu hinterfragen, da die Wikipedia-Artikel teilweise sachliche und fachliche Fehler aufweisen. Dies liegt daran, dass letztendlich jeder Internetbenutzer einen Artikel zu einem freigewählten Thema einstellen kann, ohne dass dieser auf seine objektive Richtigkeit von einem „Fachmann“ überprüft wurde.

[1] Vgl. Sie dazu auch die Hilfestellung auf S. 66

1.2 Bestimmen Sie die Textsorten der vorliegenden Materialien und notieren Sie sich hierzu möglichst viele spezifische Merkmale unter Berücksichtigung ihrer jeweiligen Intention (unter Einbeziehung Ihres Hintergrundwissens).

Hilfestellung: Bestimmung der Textsorte[1]

Grundsätzlich gilt es, zwischen **literarischen**[2] **und journalistischen Textsorten**[3] zu unterscheiden. Falls sich die materialgestützte Erörterung auf ein literarisches Thema bezieht, können neben informierenden Texten (z. B. Lexikonartikel) auch Primärtexte (z. B. Gedicht oder Romanausschnitt) vorgegeben sein oder aber auch Auszüge aus einer Rezension, Kritik oder Interpretation, die für die Erörterung herangezogen werden müssen.

[1] Vgl. KombiKOMPAKT 11, S. 141.
[2] Vgl. KombiKOMPAKT 11, S. 250 f.
[3] Vgl. KombiKOMPAKT 11, S. 251 f.

Bei der materialgestützten Erörterung mit gesellschaftlichem oder politischem Schwerpunkt sind die Materialien meist journalistischer Herkunft. **Journalistische Texte** lassen sich grundsätzlich in **meinungsbildend und sachlich informierend** unterteilen. Objektive, sachliche Informationen erhält man z.B. aus einem Bericht oder einem Interview. Zur persönlichen Meinungsbildung regen z.B. Kommentar und Glosse, aber auch Karikaturen an.

„**Kommentar**: erörtert ein Geschehen oder einen Sachverhalt, ist meist namentlich gekennzeichnet und erscheint in vielen Zeitungen deutlich vom Nachrichtenteil getrennt. Der Kommentar argumentiert und appelliert.

Wichtige Formen: der **Leitartikel** (repräsentativer Kommentar einer Zeitung, an bestimmter Stelle platziert) und die **Glosse** (kurzer, ironischer Meinungstext, oft aggressiv und doppelbödig, der häufig mit verschiedenen Stilebenen und Stilmitteln arbeitet)."[4]

[4] Vgl. KombiKOMPAKT 11, S. 252

2. Stoffsammlung

Nach diesen Vorüberlegungen kann nun zur eigentlichen Stoffsammlung übergegangen werden. Hierzu müssen die einzelnen Argumente bzw. Positionen aus den vorliegenden Materialien herausgearbeitet bzw. exzerpiert werden.

2.1 Markieren Sie die Argumente in den verschiedenen Textmaterialien und fassen Sie die Botschaft der Karikatur in wenigen Stichworten zusammen.

Botschaft der Karikatur:

Hilfestellung: Markieren der Argumente und Zusammenfassen der Botschaft der Karikatur

Hierzu kann man schon beim ersten Lesen verschiedenfarbige Textmarker oder Stifte verwenden. Wichtig ist es, dass möglichst sparsam im Text angestrichen wird, d.h., es gilt, die **Schlüsselwörter** zu kennzeichnen, damit man im weiteren Verlauf der Textarbeit schnell auf die nötigen Informationen zugreifen kann.

Die verschiedenen Farben könnte man in diesem Fall für die **unterschiedlichen Positionen** (Lehrer, Schüler, Plattformbetreiber, Eltern) zur Lehrerbewertung im Internet einsetzen, um so schon Vorarbeit für das Ordnen der Argumente bzw. das Erstellen der Gliederung zu leisten.

Das Vorgehen wird Ihnen nun **exemplarisch** an einem Absatz (Z. 48–55) aus dem Text „Stiftung Lehrertest" verdeutlicht:

Beispiel:

„Weiterhin gehört es klar ins pädagogische Entenhausen, die Bewertungen durch Schüler und Lehrer gleichermaßen mit dem Homonym „Noten" zu bezeichnen. Die im Zeugnis stehenden Ziffern müssen vielfältigen rechtlichen Normen genügen und sachlich belegbar sein (schon falls mal wieder die Eltern statt der Lehrer prozesshanseln...) – die zehn „Kriterien" von „spickmich" dagegen stellen weitgehend gefällig klingende, modische Worthülsen dar, die halt mittels begründungsfreier Zahl zu kennzeichnen sind. Mit zehn Mausklicks und in zwei Minuten hat man das Ergebnis eines Studiums und jahrelanger Berufstätigkeit im Nu erledigt: So einfach gestaltet sich das Lehrer – DSDS – Bohlen statt Pestalozzi!"

Mit BLAU wurde die **Hauptthese** des Absatzes gekennzeichnet, im weiteren Verlauf das, was die beiden Seiten (Schule bzw. Internetplattform spickmich.de) darunter verstehen. Die Unterstreichungen zeigen ausgehend von der These „Homonym Noten" die beiden Entsprechungen in Schule (vgl. Zeugnis) und auf der Internetplattform (vgl. zehn Kriterien) auf.

Aus dem DUDEN kann folgende Definition des Begriffs **Homonym** entnommen werden: *Wort, das mit einem anderen gleichlautet, sich aber in der Bedeutung unterscheidet.*

Ausgehend von diesem Absatz aus der Glosse kann ein Bezug zur Karikatur hergestellt und die Kernaussage formuliert werden, denn das Thema *Noten* wird hier wieder aufgegriffen (Aussage der Karikatur ☞ vgl. Lösungshinweise).

2.2 Exzerpieren Sie die Argumente nach Texten getrennt, ohne die Textpassagen direkt zu zitieren, sondern sie mit eigenen Worten zu umschreiben und zusammenzufassen.

Hilfestellung: Exzerpieren der Argumente mit eigenen Worten nach Materialien getrennt

Ein **Exzerpt** ist ein **schriftlicher Auszug** aus einem Werk, um einem Text Informationen entnehmen und diese weiterverarbeiten zu können. Hierbei darf die **Quellenangabe** jedoch nicht fehlen, damit man später **beim Zitieren**[1] sofort auf die entsprechende Textstelle zugreifen kann.

Exemplarisch könnte dies für Z. 52–59 aus dem Text „Stiftung Lehrertest" folgendermaßen aussehen:

Hauptthese: unterschiedliche Qualität des Wortes *NOTEN* (Schule/spickmich.de) Z. 48 f.

- Schule: Z. 49 f.

juristische Vorgaben zur Notenerhebung (große Anzahl an Kriterien, z.B. Sachlichkeit)
Basis für differenzierte Bewertung: Lehramtstudium, Berufserfahrung

- spickmich.de: Z. 51 ff.

zehn qualitativ wenig aussagekräftige Prüfkriterien, keine Begründung der Bewertung, Schnelligkeit (zehn Klicks)

[1] vgl. KombiKOMPAKT 11, S. 230–233

2.3 Ordnen Sie die Argumente hinsichtlich ihrer Position (z. B. Schülermeinung, Lehrerperspektive, Interessen der Plattformbetreiber) und bringen Sie sie in eine Rangfolge.

Hilfestellung: Ordnen der Argumente hinsichtlich ihrer Position und Erstellung einer Rangfolge

Es gilt nun, die Argumente nach den unterschiedlichen Positionen zum Thema *Lehrerbewertung im Internet* zu ordnen, um dann anschließend fundiert und differenziert erörtern zu können. Man könnte sich jetzt eine Tabelle aus den exzerpierten Stichpunkten von Aufgabe 2.2 anlegen.

Der exemplarisch bearbeitete Absatz (Z. 48–55) enthält **Argumente der Lehrerseite** (vgl. 2.2):

Beispiele:

- hohe rechtliche Standards für die Notenvergabe in der Schule (Z. 50 f.)
- pädagogische und fachliche Qualifikation der bewertenden Lehrkräfte (1. und 2. Staatsexamen, Berufserfahrung, Z. 54)
- mangelnde Qualität der spickmich.de-Kriterien („modische Worthülsen" Z. 52)
- fehlende Begründung und zu spontane Bewertung bei spickmich.de durch „zehn Mausklicks" (Z. 53)

Bei der Erstellung der Rangfolge der Argumente ist die Form der Erörterung entscheidend. Unterschieden wird grundsätzlich zwischen steigernd und dialektisch:[2] Beim steigernden Erörtern werden die Argumente vom schwächsten/wenigsten überzeugenden bis zum stärksten/überzeugendsten Argument angeordnet. Bei der vorliegenden Aufgabenstellung handelt es sich um eine dialektische Erörterung, da verschiedene Positionen differenziert miteinander verglichen und abgewogen werden müssen. Hier sollten jeweils die Argumente am Ende stehen, die die eigene Position stützen.

Für die erste Stoffsammlung ist es zunächst nur wichtig, eine Rangfolge zu erstellen, um die Argumente nach ihrer Aussagekraft beurteilen zu können. Die genaue Anordnung der Argumente bzw. Positionen spielt dann erst bei der Erstellung der Gliederung bzw. beim Ausformulieren eine entscheidende Rolle (siehe 3. und 4. in dieser Aufgabe).

[2] Allgemeine Informationen zur Erörterung können im Kombi-KOMPAKT 11, S. 156–173 und S. 260 f., nachgelesen werden.

2.4 Ergänzen Sie Ihre Aufstellung durch eigenes Hintergrundwissen bzw. durch Argumente, die in den vorgegebenen Materialien fehlen und für eine umfassende Diskussion nötig und hilfreich sind.

Hilfestellung: Eigene Ergänzungen

Bevor nun die Gliederung erstellt und mit dem Ausformulieren begonnen werden kann, müssen noch **zusätzliche Argumente**, die nicht in den vorliegenden Materialien vorhanden sind, ergänzt werden. So fehlen hier aufgrund der Quellenlage (Lehrerverbandsheft) evtl. Argumente für die Schülerseite, Elternseite und für die Position der Betreiber der Internetplattform. Falls diese für die Diskussion nötig und hilfreich sind, müssen diese mithilfe des **Hintergrundwissens** und der **Allgemeinbildung** selbständig ergänzt werden.

3. Erstellen der Gliederung

Es gilt sich zunächst zu entscheiden, in welcher Form die Argumente bzw. verschiedenen Positionen diskutiert werden sollen. Hierzu gibt es grundsätzlich zwei Möglichkeiten:
Es können die unterschiedlichen Meinungen zur digitalen Bewertung von Lehrern getrennt behandelt (Schüler, Lehrer, evtl. Eltern) und anschließend in einer umfassenden Synthese gegeneinander abgewogen werden. Hier besteht jedoch die Gefahr der Doppelung.
Oder es bietet sich als zweite Möglichkeit die direkte Gegenüberstellung der verschiedenen Positionen vor dem Hintergrund des jeweiligen Argumentes an.

3.1 Ordnen Sie die folgenden Schülerbeispiele den beiden möglichen Gliederungsvarianten begründend zu und beurteilen Sie diese, indem Sie sich am Rand mögliche Verbesserungen und Ergänzungen notieren.

Schülerbeispiel I:

A. Internet als Telekommunikationsmittel
B. Dürfen die Schüler ihre Lehrer via Internet mit Noten bewerten?
   I. Öffentliche Meinungsäußerung über andere
      1. Meinungsfreiheit der Schüler
      2. Verletzen des Persönlichkeitsrechts der Betroffenen
   II. Internet als weltweit öffentliches Kommunikationsmittel
      1. Zugang frei und nicht illegal
      2. Veröffentlichung und Verbreitung von Privatem
C. Kein Schutz der Verbreitung von persönlichen Daten und keine Möglichkeit des Verbots

Verbesserung:

Schülerbeispiel II:

1. Ungerechtigkeit eines Lehrers gegenüber einem Schüler
2. Digitale Lehrerbewertung in Bezug auf www.spickmich.de
   2.1 Argumente der Schüler
      2.1.1 Kommunikation mit Gleichaltrigen
      2.1.2 Ablassen von Frust über die Schule und Lehrer
   2.2 Argumente der Lehrer
      2.2.1 Veröffentlichung von Privatem
      2.2.2 oft falsche Bewertungen
   2.3 Argumente der Forenbetreiber
      2.3.1 Geldverdienen
      2.3.2 Streiter für die Meinungsfreiheit
3. Abwägen der Argumente und Konfliktlösung

Schülerbeispiel III:

A. Erfahrungen mit Internetplattformen

B. Berechtigung und Grenzen der digitalen Lehrerbewertung im Internet am Beispiel der Internetseite www.spickmich.de

  I. Vorteile der digitalen Lehrerbewertung im Internet
    1. Informationsquelle für Lehrer über ihr Ansehen
    2. freie Meinungsäußerung der Schüler
    3. Kommunikationsplattform

  II. Nachteile von digitaler Lehrerbewertung im Internet
    1. Werbeplattform
    2. Gefahr des Internets
    3. unsachliche, unbegründete und subjektive Meinungsäußerung

  III. Abwägen der Argumente: Verbot der digitalen Lehrerbewertung im Internet

C. eigene Erfahrungen mit www.spickmich.de

3.2 Erstellen Sie für beide Möglichkeiten (1. getrennte Anordnung von Lehrer- bzw. Schülerargumenten oder 2. nach Argumenten) eine eigene Gliederung mithilfe Ihrer Stoffsammlung und entscheiden Sie erst anschließend, welche Variante Ihnen am ehesten entspricht.

4. Ausformulieren der Diskussion zur digitalen Lehrerbewertung

An das Erstellen der ersten noch mehr oder weniger groben **Gliederung** schließt sich das Ausformulieren der Diskussion zur digitalen Lehrerbewertung an. Die **endgültige Gliederung** sollte erst nach Abschluss aller Arbeiten in eine saubere, übersichtliche Form gebracht werden.

4.1 Formulieren Sie eine Einleitung, an deren Ende das gestellte Thema steht und die zum Erörterungsteil überleitet.

Hilfestellung: Einleitung

Zunächst ist die **Einleitung** zu formulieren, an deren Ende das gestellte Thema steht, und die zum Hauptteil, der Erörterung, überleitet. Sie kann z.B. Hinweis sein auf die **Aktualität des Themas** oder auf **eigene Erfahrungen** zum Thema zurückgreifen. In der Einleitung sollten jedoch keine Argumente vorweggenommen werden.[1]

[1] Vgl. KombiKOMPAKT 11: Arbeitsschritte beim themenbezogenen Erörtern, S. 162

4.2.1 Markieren Sie die einzelnen Argumentationsschritte in den unten abgedruckten Schülerbeispielen und beurteilen Sie begründend die Überzeugungskraft der formulierten Argumente.

Schülerbeispiel zur These: **unsachliche, rein subjektive Schülermeinungen**

Schülertext

Als wichtigstes Argument gegen digitale Lehrerbewertung im Internet wäre wohl die unsachliche, unbegründete und subjektive Meinungsäußerung der Schüler zu nennen. Da diese Bewertungen oft unüberlegt und nur punktuell gültig getroffen werden und dann nicht mehr abgeändert werden können, führen diese folglich zu einem verfälschten Ergebnis. Außerdem kann man für seine Bewertung keine Begründungen abgeben, woraus folgt, dass das Ergebnis für andere Nutzer und vor allem für die betroffenen Lehrer nicht nachvollziehbar ist.

Bewertung / Beurteilung:

Schülerbeispiel zur These: **mangelnde Datensicherheit bzw. Probleme des Datenschutzes**

Schülertext

Auch die Position der Eltern ist nicht zu vernachlässigen. Schon bei der Anmeldung auf www.spickmich.de müssen die Jugendlichen viele persönliche Daten angeben, deren Sicherheit aufgrund der Sicherheitslücken im Internet nicht hundertprozentig gewährleistet ist. In Zeiten der Datenpannen kann die Angabe von Telefonnummer, Adresse und Ähnlichem auch oder gerade Eltern beunruhigen. Immer wieder können Datenskandale verschiedener Art festgestellt werden und was einmal im Internet ist, bleibt dort auch. So kann beispielsweise auch ein späterer Arbeitgeber problemlos auf die „Jugendsünden" zurückgreifen, und dass man als Kind in unsachlicher Weise seine Lehrer kritisiert hat, kann einem noch Jahre später zum Verhängnis werden. Die Naivität, mit der Kinder und Jugendliche ihre Daten preisgeben, kennt leider keine Grenzen. Und dass dies Eltern beunruhigt, ist nur zu verständlich.

Bewertung / Beurteilung:

4.2.2 Formulieren Sie auf der Basis Ihrer Grobgliederung die einzelnen Argumente überzeugend aus und achten Sie hierbei auch auf die Abrundung der einzelnen Argumentationsschritte und auf flüssige Überleitungen.

[1] Vgl. KombiKOMPAKT 11: Arbeitsschritte beim themenbezogenen Erörtern, S. 159

Hilfestellung: Argumentation[1]
Im Hauptteil sollen nun die verschiedenen Positionen zum Thema auf der Basis der Grobgliederung überzeugend und schlüssig dargelegt werden. Um umfassend und differenziert zu argumentieren, müssen **Thesen** durch **Argumente** erhärtet und mit **Beispielen** und **Belegen** gestützt werden. Mögliche **Gegenargumente** sollten miteinbezogen und am Ende die **eigene Haltung** deutlich gemacht werden.

4.3 Formulieren Sie nun Ihre Synthese, um die Argumentation abzuschließen.

Hilfestellung: Synthese
Die Synthese ist ein die Argumentation **abschließendes Abwägen**. Hier sollen Sie begründet werten bzw. **urteilen** und eventuell **mögliche Lösungswege** aufzeigen. Zum Thema digitale Lehrerbewertung können Sie aus Ihrer eigenen Erfahrung andere, konstruktivere Möglichkeiten der Evaluation an dieser Stelle aufzeigen.

4.4 Runden Sie mit einem Schluss Ihre Arbeit ab.

Hilfestellung: Schluss
Im Schluss sollen keine Argumente wiederholt werden. Am sinnvollsten erscheint ein **Ausblick** zum Thema bzw. hinsichtlich **möglicher Folgen** für die Zukunft.

4.5 Überarbeiten Sie Ihren Aufsatz.

[2] KombiKOMPAKT 11, S. 258

Hilfestellung: Überarbeiten[2]
In einem letzten Arbeitsschritt sollten Sie Ihren Aufsatz überprüfen in Bezug auf:
- sprachliche Richtigkeit (orthografisch, grammatisch und stilistisch)
- formale Korrektheit (z. B. richtiges Zitieren)
- logische Schlüssigkeit
- Übereinstimmung von Aufsatz und Gliederung und von beidem in Bezug auf die Themenstellung
- vollständige Bearbeitung der gesamten Themenstellung
- formale Korrektheit der Gliederung (einheitlicher Sprachstil, logische Nummerierung)

Verfassen eines Kommentars / einer Glosse in Verbindung mit einer Sachtextanalyse

Aufgabe

a) Arbeiten Sie aus dem ZEIT-Artikel „Gefahren überall" von Harro Albrecht und Ulrich Schnabel Inhalt und Argumentationsstruktur heraus und zeigen Sie auf, wie die sprachlich-stilistische Gestaltung dies unterstützt.

b) Verfassen Sie ausgehend von Ihren Ergebnissen und unter Zuhilfenahme des weiteren Materials einen sprachlich eigenständig formulierten Kommentar bzw. eine Glosse für die Schülerzeitung zum medial beeinflussten Umgang mit Krisen. Wählen Sie dazu eine aussagekräftige Überschrift! Ihr Text sollte ca. 250–300 Wörter umfassen.

Materialien

Material 1

Harro Albrecht und Ulrich Schnabel
Gefahren überall
Wir können Risiken nicht richtig einschätzen. Damit müssen wir leben.

Quelle: Die ZEIT Nr. 49 vom 26. November 2009

Es bedarf schon eines starken geistigen Immunsystems, um der täglichen Flut von Gefahren standzuhalten. Mal versetzt uns die Schweinegrippe in Angst und Schrecken, dann wieder mögliche Nebenwirkungen der Impfung; dazu kommt das Nachrichtengeprassel über Genfood, Elektrosmog oder Weichmacher im Babyschnuller und im Hintergrund lauert stets die Apokalypse des Klimawandels. Kein Wunder, dass es uns zu viel wird.
Die „gefühlte Bedrohung" steigt, wenn selbst Fachleute unterschiedliche Ratschläge geben. Impfen oder nicht impfen? Genpflanzen anbauen oder verbieten? Wer mag, findet zu nahezu jeder Position einen probaten Experten. Und allmählich dämmert uns, dass die gern beschworene Wissensgesellschaft nicht dadurch gekennzeichnet ist, dass sich auf jede Frage eine klare, wissenschaftliche Antwort finden ließe, sondern dass sie uns im Gegenteil mit einer Vielfalt unterschiedlicher Positionen konfrontiert, was die Entscheidung umso schwerer macht.
Doch das Hin und Her zwischen Alarmismus und Beschwichtigung im Fall der Schweinegrippe hat auch sein Gutes. Erlaubt es doch, einmal wie unter dem Brennglas all jene Mechanismen zu studieren, die zu unserer täglichen Verunsicherung beitragen.
„Aus Sicht des Publikums wird jeden Tag eine andere Sau durchs Dorf gejagt. Mal ist zu viel an Impfstoff da, dann ist es zu wenig, dann ist es der falsche, dann ist es doch der richtige." So schildert die Hamburger Kommunikationswissenschaftlerin Irene Neverla die Kapriolen der Berichterstattung. All die einzelnen Aspekte mögen zwar für die Gesundheitsbehörden oder die Politik von Bedeutung sein, die meisten Bürger aber seien davon überfordert. Die Folge? „Die große Linie ging verloren. Die Leute denken einfach: ‚Ich blick nicht mehr durch', und tun dann gar nichts mehr."
Dazu kommt, dass im Falle einer neuen, noch unwägbaren Bedrohung wie der Schweinegrippe auch Forscher nicht mit Sicherheit prognostizieren können, wie sich die Lage entwickelt. Angesichts eines Virus, das vielleicht (vielleicht aber auch nicht) mutiert, bleibt die Zukunft nun einmal ungewiss – allen wissenschaftlichen Studien zum Trotz. Wie der

Kabarettist Joachim Ringelnatz schon erkannte: „Sicher ist, dass nichts sicher ist. Selbst das nicht."

Das zu akzeptieren, zumal in der modernen Informationsgesellschaft, fällt schwer. Welcher Experte, welcher Politiker könnte sich öffentlich ein solches Eingeständnis des Zweifelns leisten? Zugleich sorgen die Medien kräftig dafür, das Spiel der Scheingewissheiten am Laufen zu halten: Im harten medialen Wettbewerb verkaufen sich große Schlagzeilen nun einmal besser als nüchterne Beschreibungen; daher werden Einzelfälle flugs generalisiert, vorläufige Erkenntnisse zur sicheren Gefahr hochgejazzt – denn nichts lässt sich medial besser bewirtschaften als ein kollektives Panikgefühl. „Auf diese Weise kommt eine Erregungsspirale in Gang, mit der wir nicht gelernt haben umzugehen", analysiert Neverla.

Dass wir diesem Ansturm auf unsere geistigen Abwehrkräfte nicht immer gewachsen sind, ist also ganz normal. Doch wie ließe sich das psychische Immunsystem stärken, woher wissen wir, wann Panik und wann Gelassenheit angebracht ist? Früher war die Sache einfacher. Da folgte man automatisch dem, was die Obrigkeit anordnete oder der Pfarrer von der Kanzel herab predigte. Doch als mündige Bürger haben wir uns von Obrigkeitsdenken und blindem religiösen Glauben emanzipiert – und erleben nun desillusioniert, dass die Wissenschaft dafür keinen adäquaten Ersatz bietet. Denn statt einfacher Antworten produziert die moderne Forschung in der Regel eine Fülle neuer Fragen und Ungewissheiten; anders als viele ihrer Kritiker argwöhnen, liegt ihre Herausforderung also gerade nicht darin, dass sie uns eine bestimmte Lebensführung diktieren oder aufzwingen würde, sondern im Gegenteil darin, dass sie uns mit einer Vielzahl von (oft verwirrenden) Fakten versorgt und uns dann bei der Entscheidung über den Umgang damit allein lässt.

In dieser Situation wächst die Sehnsucht nach einfachen Antworten. Manche flüchten sich in die Esoterik, andere finden Trost in einer der vielen kursierenden Verschwörungstheorien. Dann ist die Schweinegrippe-Impfung plötzlich nur ein Komplott der Pharmaindustrie, die uns als Versuchskaninchen missbraucht.

Solchen Ängsten ist, anders als viele Wissenschaftler meinen, mit sachlicher Information allein nur schwer beizukommen. Vielmehr geht es vor allem um Vertrauen: Was überzeugt, sind nicht unbedingt die besten wissenschaftlichen Argumente, sondern die Glaubwürdigkeit, mit der sie vorgetragen werden.

Die Risikoforschung weiß überdies schon lange, dass wir drohende Gefahren nicht objektiv beurteilen, sondern uns stattdessen an höchst subjektiven Kriterien orientieren. Ein freiwillig eingegangenes Risiko (Extremsport) nehmen wir viel eher in Kauf als eines, das wir nicht selbst unter Kontrolle haben (Pestizide in Lebensmitteln). Bekannte Risiken (Rauchen) scheinen uns erträglicher als unbekannte (nukleare Strahlung), und natürliche (Blitzschlag) akzeptieren wir allemal leichter als künstlich erzeugte (Gentechnik).

Um diese verzerrte Wahrnehmung geradezurücken, so glaubte man lange Zeit, genüge es, das Publikum über die „wahre" (sprich statistische) Gefährlichkeit gründlich aufzuklären. Doch das ändert sich. Allmählich lernt die Wissenschaft, auch die „gefühlte Bedrohung" ernst zu nehmen. Aus Sicht der Risikoforschung ist es nämlich nur rational, auf die Irrationalität des Publikums einzugehen.

Umgekehrt muss auch das Publikum umdenken. Es muss sich daran gewöhnen, dass die moderne Wissenschaft nicht auf alle Fragen eine Antwort bietet. Ein gewisses Maß an Ungewissheit ist nun mal das Kennzeichen jeder sich verändernden Gesellschaft (auch wenn unsere Gesellschaft diesen Umstand immer weniger zu tolerieren scheint). Zu lernen wäre auch, dass die besten Ratgeber in dieser Situation nicht jene sind, die im Brustton der Überzeugung eherne Wahrheiten verkünden, sondern jene, die auch offene Fragen thematisieren und Unsicherheiten, Zweifel und Widersprüche transparent machen.

Vielleicht hat ja gerade das Chaos um die Schweinegrippe in dieser Hinsicht einen immunstärkenden Effekt: Wer sich von dem ganzen Hin und Her der vergangenen Wochen nicht verrückt machen ließ, dürfte auch künftig gegen das Virus der Übererregbarkeit gefeit sein.

Material 2

Stefanie Schram

Angst – ein Gefühl mit Nebenwirkungen

Wann wird eine berechtigte Angst zur Hysterie? Wissenschaftler suchen die Ursache bei Politikern und Spiegelneuronen – und geben Tipps gegen übertriebene Angst.

Quelle: Die ZEIT Wissen, Mai 2009

1. Was ist Angst?

Liebe und Freude, Trauer, Wut und Scham gehören zur Gefühlsgrundausstattung. Und eben die Angst. Sie soll uns helfen, in gefährlichen Situationen schnell zu reagieren. Dafür wird der Körper in einen Alarmzustand versetzt: Die Aufmerksamkeit steigt, die Pupillen weiten sich, Seh- und Hörnerven werden empfindlicher; Muskelspannung, Energiebereitstellung und Reaktionsgeschwindigkeit werden erhöht; Herzfrequenz und Atmung beschleunigen sich; wir schwitzen, zittern, uns wird übel und schwindelig.

Dabei ist es völlig egal, ob die Bedrohung echt ist oder eingebildet – die körperliche Reaktion ist die gleiche. Ist die Angst aber übertrieben, hilft sie uns nicht mehr. Im Gegenteil: Auf die Dauer macht sie dann krank.

Zu den krankhaften Angststörungen gehören die Phobien. Wer darunter leidet, fürchtet sich übermäßig, zum Beispiel vor dem Fliegen, vor Krankheiten oder dem Kontakt mit anderen. Panikattacken treten plötzlich und ohne jeden Anlass auf. Weil sie so unberechenbar sind, haben die Patienten häufig Angst vor der Angst. Die generalisierte Angststörung ist ein ständiger Begleiter [...]. Die Betroffenen sorgen sich dauernd, dass ihnen oder ihren Angehörigen etwas zustoßen könnte. Ihre Gedanken kreisen um Unfälle, Krankheiten und Armut.

2. Ist Angst ansteckend?

Manchmal erleben viele Menschen zur selben Zeit die gleiche Angst, zum Beispiel nach einer Katastrophe wie einem Erdbeben. Die Bewohner der betroffenen Region fürchten dann, dass die Gefahr noch nicht vorüber ist und Nachbeben folgen. Auch kann eine Panik viele Menschen auf einmal erfassen, oft wird sie von einer realen Gefahr ausgelöst, zum Beispiel einem Feuer oder aggressiven Hooligans im Stadion. [...]

Die generalisierte Angststörung hat ebenfalls ein kollektives Pendant: Gestern fürchteten wir BSE, heute haben wir Angst vor dem Klimawandel und dem Terrorismus, morgen vor der nächsten Seuche. *„Rolling fear"* nennt das der britische Risikoforscher Bill Durodié, der das Heimatschutz-Forschungsprogramm an der Nanyang Technological University in Singapur koordiniert.

Zwar haben diese Ängste oft einen konkreten Anlass, aber die Reaktion ist meist übertrieben; die Besorgnis verselbstständigt sich und wendet sich immer neuen Schrecken zu. Solche Angstwellen schaukeln sich hoch und erfassen immer mehr Menschen, bis man den Eindruck hat, alle redeten nur noch über das eine.

„Angst ist ein soziales Phänomen, man steigert sich da wechselseitig hinein", sagt der Historiker Joachim Radkau von der Universität Bielefeld. Wie das genau funktioniert, dazu gibt es bisher kaum Studien. Der Psychologe Arvid Kappas von der Jacobs University Bremen vermutet, dass Spiegelneuronen im Hirn dabei eine Rolle spielen. Sie sind nicht nur aktiv, wenn man selbst Angst zeigt, sondern auch, wenn man merkt, wie andere sich fürchten. „Ich spüre dann die Angst des anderen in mir selbst", erklärt Kappas.

3. Was ist „German Angst"?

Der Begriff tauchte wohl zum ersten Mal in den achtziger Jahren in englischsprachigen Wirtschaftszeitungen auf; die Journalisten meinten damit die Zögerlichkeit deutscher Unternehmer und Wirtschaftspolitiker. Bald wurde das Schlagwort im In- und Ausland in allen möglichen Zusammenhängen benutzt, um die angeblich typisch deutsche Ängstlichkeit zu beschreiben – sei es bei Militäreinsätzen oder im Fußball.

Jetzt schreiben viele Journalisten, dass es die „German Angst" nicht mehr gebe: Gerade in der Wirtschaftskrise reagierten die Deutschen nicht panischer als Menschen in anderen Ländern, im Gegenteil, sie seien jetzt besonders cool.

Tatsächlich ist aber fraglich, ob es eine typisch deutsche Angst jemals gab; Historiker sind skeptisch. Frank Biess, der gerade an der Universität Göttingen die deutsche Angstgeschichte der Nachkriegszeit erforscht, hält „weder Form noch Inhalt dieser Ängste für spezifisch deutsch".

Insgesamt kursieren mehr Begründungen, warum es eine „German Angst" geben könnte (die Erfahrung von Krieg und Völkermord und das damit verbundene Schuldgefühl, der Dreißigjährige Krieg, die deutsche Romantik), als Belege dafür, dass es sie tatsächlich gibt. Artikel und Bücher, die die vermeintlich typisch deutsche Angst beschreiben, sind oft vielmehr Teil der Krankheit, die sie zu diagnostizieren vorgeben. Mancher Autor mag sich seine These auch nicht von schönen Ereignissen kaputt machen lassen: Vielleicht sei zum Beispiel die gute Laune während der Fußball-WM 2006 einfach zu gut gewesen, um wahr zu sein, vielleicht stecke dahinter in Wahrheit – genau: Angst. [...]

6. Wie hat sich der Umgang mit der Angst verändert?

Wer gestand, Angst zu haben, galt bis in die fünfziger Jahre nicht nur als feige, sondern schnell als neurotisch oder gar minderwertig. „Heute sind öffentliche Angstbekundungen aus dem politischen Diskurs nicht mehr wegzudenken", schreibt der Historiker Frank Biess. In der Nachkriegszeit habe die Ächtung der Angst durch die Nationalsozialisten nachgewirkt, außerdem seien die Menschen nach außen hin eher nüchtern mit Gefühlen umgegangen: „Öffentliche Gefühlsäußerungen erschienen als zutiefst verdächtig." Mit der Studentenbewegung begann sich das zu verändern. Heute gilt als mutig, wer Angst äußert. Das werde längst taktisch genutzt, meint Biess. Dass man keine Angst mehr haben muss, über seine Angst zu reden, trägt zu dem Eindruck bei, die Menschen seien ängstlicher geworden.

7. Was kann man gegen übertriebene Angst tun?

Psychologen raten Menschen mit Angststörungen, häufiger einen Schritt zurückzutreten und sich zu fragen: Ist das überhaupt realistisch? Das ist auch ein gutes Gegenmittel gegen kollektive Angstwellen. Um Risiken besser einschätzen zu können, sollte man sich ein bisschen mit Statistik auskennen. Das tun die wenigsten. Der Psychologe Gerd Gigerenzer diagnostiziert ein weitverbreitetes „statistisches Analphabetentum". Besonders schwer fällt es vielen, relative und absolute Risiken zu unterscheiden. [...]

Gigerenzer will nun Ärzten und Journalisten Risikokompetenz beibringen. In der Schule solle Statistik als Problemlösungs-Strategie für die wirkliche Welt gelehrt werden: „Wer ein paar statistische Prinzipien verstanden hat, der kann seine Entscheidungen vernünftig und emotional zugleich treffen. Wenn Sie nicht verstehen, sind Ihre Emotionen manipulierbar."

Und natürlich kann es nicht schaden, Optimisten zu Wort kommen zu lassen: als Angstwellen-Brecher.

Aufgabenanalyse

In der Aufgabe sollen Sie einen Sachtext nach Inhalt, Argumentationsstruktur und sprachlich-stilistischer Gestaltung auswerten und interpretieren. Für den anschließenden Schreibauftrag (Kommentar/Glosse) erhalten Sie weiteres Material, das Sie als „Steinbruch" heranziehen können. Darüber hinaus wird vorausgesetzt, dass Sie sich mit aktuellen politischen und gesellschaftlichen Themen, hier mit der Diskussion um das Thema *Krise* in den Medien, bereits an anderer Stelle auseinandergesetzt haben. Dieses Hintergrundwissen fließt dann in Ihre Arbeit mit ein.
Ein wichtiges Bewertungskriterium für den zweiten Teil der Aufgabe ist die Frage, inwieweit Sie sich von dem vorgegebenen Material lösen konnten und in einer eigenständigen sprachlichen Darstellung mit eigenen kreativen Ideen den Schreibauftrag ausgeführt haben.

Um die Aufgabenstellung umfassend bearbeiten zu können, ist es unerlässlich, auf die vorkommenden **Operatoren** richtig zu reagieren. So kann es in der Abiturprüfung sinnvoll sein, sich diese zu markieren, um die geforderten Arbeitsschritte in Ihrer Antwort umzusetzen. Folgende Operatoren können in der vorliegenden Aufgabenstellung sichtbar gemacht werden:

a) **Herausarbeiten** fordert eine genaue Textanalyse mit deutlichen Textbezügen bzw. -belegen. Die Darstellung des Inhalts wird sinnvoller Weise mit der Argumentationsstruktur des Textes (Wie geht der Autor vor, um das Thema dem Leser näher zu bringen?) verknüpft. Anschließend wird die sprachlich-stilistische Gestaltung (Wortwahl, Syntax, Stilmittel) hinsichtlich ihrer Intention untersucht und ein Bezug zu den schon bestehenden Ergebnissen hergestellt (**aufgezeigt**). Am Ende steht die begründete Zuordnung zu einer Textsorte (z. B. Glosse, Kommentar, Bericht, Reportage)[1].

[1] Vgl. KombiKOMPAKT 11, S. 251 f.

b) Der zweite Teil der Aufgabenstellung fordert Sie in Ihrer Kreativität heraus; Sie sollen einen sprachlich eigenständigen Text **verfassen**. Das Thema für den Schreibauftrag ist vorgegeben und soll den Blick weiten für eine umfassendere Auseinandersetzung mit den medial beeinflussten Krisen. **Ausgehend** bzw. **unter Zuhilfenahme** bedeutet, dass Sie dem Material Informationen bzw. Argumente entnehmen können, diese aber mit eigenem Wissen ergänzen müssen. Sie müssen auch als Hintergrundwissen einbringen, welche Merkmale ein Kommentar bzw. eine Glosse jeweils aufweisen. Natürlich darf bei allen Textergebnissen eine kreative, aussagekräftige Überschrift nicht fehlen. Diese sollte das Wesentliche bzw. die Pointe Ihres Schreibprodukts sprechend ausdrücken.
Die angegebene Anzahl der Wörter sollte wenn möglich nicht unterschritten, aber auch nicht deutlich überschritten werden. Sie sollen nachweisen, dass Sie in dem vorgegebenen Rahmen die Aufgabe bewältigen können.

TIPP

Es ist hilfreich, im Vorfeld des Abiturs die **persönliche Anzahl der Wörter zu bestimmen**, die Sie auf einer DIN A4 Seite liniert mit Rand (vgl. Schulaufgabenpapier) handschriftlich ungefähr unterbringen, sodass Sie im Abitur nicht ständig durch das Zählen abgelenkt und aus dem Rhythmus gebracht werden.
Grundsätzlich lässt sich also feststellen, dass dieser Arbeitsauftrag zweigeteilt ist, was für Sie bedeutet, dass Sie sich Ihre Zeit dementsprechend einteilen müssen. Berücksichtigen Sie hierbei auch, dass Sie Zeit für die Stoff- und Ideensammlung benötigen. Ein sinnvolles **Zeitmanagement** könnte wie folgt aussehen:
Einarbeitungszeit (Lesen aller Materialien, erste Unterstreichungen/Markierungen, erste Gliederungsskizze): ⅛ der Zeit
Bearbeiten/Ausformulieren von Teilaufgabe a): ⅜ der Zeit
Bearbeiten/Ausformulieren von Teilaufgabe b): ⅜ der Zeit
abschließendes Überarbeiten bzw. Korrekturlesen: ⅛ der Zeit

Angeleitete Bearbeitung der Aufgabe

Sie müssen selbst entscheiden, ob Sie zunächst alle Materialen lesen, bevor Sie mit der eigentlichen Arbeit beginnen. Sie können sich zunächst auch nur auf Material 1, den zu erschließenden Text, konzentrieren, da dieser schwerpunktmäßig untersucht werden muss, wohingegen das andere Material nur als Unterstützung geben ist. Es scheint jedoch sinnvoll, sich zu Beginn zumindest einen Überblick zu verschaffen.

Bearbeitung der Teilaufgabe a)

Arbeiten Sie aus dem ZEIT-Artikel „Gefahren überall" von Harro Albrecht und Ulrich Schnabel Inhalt und Argumentationsstruktur heraus und zeigen Sie auf, wie die sprachlich-stilistische Gestaltung dies unterstützt.

1. Vorbereiten der Sachtextanalyse und Erstellen einer Grobgliederung

Bereiten Sie Ihre schriftlichen Ausführungen durch **gründliches und aktives Lesen** des Textes „Gefahren überall" vor. Sie erleichtern sich die spätere Formulierungsarbeit, wenn Sie den Text mit Markierungen, Unterstreichungen, Randbemerkungen, Hinweis- und Kontrastpfeilen versehen. So können Sie anschließend schnell auf die wesentlichen Informationen zugreifen.[1]

[1] Nähere Informationen hierzu finden Sie in KombiKOMPAKT 11, Die Analyse von Sachtexten und damit verbundene Schreibformen, S. 261 ff. und in der Hilfestellung S. 45 in der Aufgabe „Materialgestützte Erörterung", Seite 38 ff. im vorliegenden Heft.

Für die weiteren Arbeitsschritte ist es hilfreich, vorab eine **Grobgliederung** zu erstellen, die dann fortlaufend präzisiert bzw. ergänzt werden muss. Eine solche Grobgliederung könnte wie folgt aussehen:

A. ... *[Einleitung]*

B. Analyse des Textes *„[Titel]"* von *[Autor]*

  I. Inhalt und Argumentationsstruktur
    1.
    2.
  II. formale und sprachliche Analyse mit Intention
    1. Wortwahl
    2. Syntax
    3. Rhetorische Mittel
    4. Textsorte

C. ... *[Schluss]*

TIPP Es ist empfehlenswert, die endgültige Gliederung in Reinschrift erst nach Ausformulierung der Interpretation zu erstellen.

2. Formulieren der Einleitung zur Sachtextanalyse

Formulieren Sie eine Einleitung, die einerseits zum Thema des Textes von Harro Albrecht und Ulrich Schnabel hinführt und andererseits zum Analyseteil überleitet.

Hilfestellung:
Die Einleitung kann z. B. ein Hinweis auf die **Aktualität des Themas** sein oder sie kann auf **eigene Erfahrungen** mit dem Thema hinweisen (Verortung des Themas[1]). In der Einleitung sollten jedoch keine Analyse- oder Interpretationsaspekte vorweggenommen werden.

[1] Vgl. KombiKOMPAKT 11, Die Analyse von Sachtexten und damit verbundene Schreibformen, S. 261

3. Erfassen des Inhalts und der Argumentationsstruktur des Textes[2]

[2] Vgl. Sie dazu auch die Hilfestellung auf S. 66

Um Inhalt und Argumentationsstruktur des Textes herauszuarbeiten, bietet es sich an, die **Schlüsselwörter** zu kennzeichnen und das argumentative Vorgehen des Autors durch Schlagwörter zu benennen. Anschließend kann es hilfreich sein, ein **Exzerpt** des Textes zu erstellen, d. h. einen schriftlichen Auszug. Um die Informationen aus dem Text weiterverarbeiten zu können, versucht man mit eigenen Worten die inhaltlichen Schwerpunkte herauszuschreiben.

Arbeiten Sie Inhalt und Argumentationsstruktur des Textes „Gefahren überall" heraus. Formulieren Sie anschließend mit eigenen Worten Ihre Ergebnisse aus.

Hilfestellung:
Das folgende Beispiel zeigt Ihnen das Herausarbeiten exemplarisch am ersten Textabschnitt (Z. 1–5).

	Einleitung:
Es bedarf schon eines starken geistigen Immunsystems, um der täglichen Flut von Gefahren standzuhalten.	Aufzählung von aktuellen Gefahren (= **Argumentationsstruktur**) ➔ Bezug zur Überschrift
Mal versetzt uns die *Schweinegrippe* in Angst und Schrecken, dann wieder mögliche *Nebenwirkungen der Impfung*; dazu kommt das Nachrichtengeprassel über *Genfood*, *Elektrosmog* oder *Weichmacher im Babyschnuller*, und im Hintergrund lauert stets die **Apokalypse** des *Klimawandels*.	seelische Robustheit als Voraussetzung für Umgang mit apokalyptischen Szenarien (= **Inhalt**)
Kein Wunder, dass es uns zu viel wird.	**Überleitung zum nächsten Absatz** vgl. „gefühlte Bedrohung"

4. Analysieren der Sprache mit Textsortenbestimmung

Zur Analyse der Sprache gehört klassischer Weise die Untersuchung des Textes in Hinblick auf Wortwahl, Syntax (Satzbau) und Stilmittel (auch sprachlich-stilistische oder rhetorische Mittel genannt). Das heißt aber nicht, dass alle Einzelaspekte erfasst werden müssen, sondern es geht darum, die wesentlichen sprachlichen Merkmale, die diesen Text kennzeichnen, herauszufiltern, um einen durchgängigen „Interpretationsfaden“ zu erhalten. Die Einzelintentionen münden dann in eine Zusammenfassung aller sprachlichen Mittel mit der abschließenden begründeten Textsortenbestimmung.

4.1 Markieren Sie die im Text vorkommenden Auffälligkeiten in Wortwahl, Syntax und Stilmitteln.

Hilfestellung:
Zunächst gilt es, Auffälligkeiten im Text zu entdecken und diese evtl. mit verschiedenen Farben zu markieren. Sie können diese Markierungen parallel zur Markierung der Argumentationsstruktur aus Aufgabe 3.1 auf der anderen Seite des Textes (S. 51 f.) vornehmen.
Nach folgenden Aspekten könnte man Ausschau halten:[1]
- Wortwahl: z. B. Umgangs- / Fachsprache, Wortfelder, Wortwiederholungen, Neologismen
- Syntax: z. B. Parataxe / Hypotaxe, Ellipsen, Parenthesen, Fragen, Ausrufesätze
- Stilmittel: z. B. Metaphern, Vergleiche, Antithesen, Ironie

[1] Vgl. auch KombiKOMPAKT 11, Sprachuntersuchung bei Texten, S. 130; KOMPAKT-Wissen: Sprachliche Mittel (Stilfiguren, rhetorische Figuren), S. 278–281 und Kompakt-Wissen: Grammatik und Stil, S. 269 ff.

4.2 Formulieren Sie die Analyse von Wortwahl, Syntax und sprachlich-stilistischen Mitteln aus, indem Sie aufzeigen, dass diese die Intention und Argumentationsstruktur des Textes unterstützen. Achten Sie hierbei auch auf flüssige Überleitungen zwischen den einzelnen Analyseaspekten.

Hilfestellung:
Bei der Interpretation der einzelnen Aspekte sind oberflächliche Deutungen, wie z. B. „Dadurch wird der Text spannender.“ oder „Der Leser wird so zum Weiterlesen animiert.“ zu vermeiden. Beim Herausarbeiten der Intention kommt es darauf an, möglichst themenbezogen zu argumentieren. Darüber hinaus müssen alle Erkenntnisse am Text belegt werden, durch indirekte oder direkte Zitate.[2]
Analysebeispiel: Virus-Metapher
Der Text von H. Albrecht und U. Schnabel weist jedoch nicht nur hinsichtlich der Wortwahl und der Syntax Besonderheiten auf, sondern es gibt auch eine Vielzahl von rhetorischen Mitteln, die im Einzelnen näher betrachtet und interpretiert werden sollen.
Sehr auffällig ist hierbei die „Virus-Metapher“, die sich durch den ganzen Text zieht. So beginnt der Text mit dem „geistigen Immunsystem“ (Z. 1), das von vielen Seiten bedroht wird. So greift die Schweinegrippe (vgl. Z. 2) nicht nur die Physis, sondern auch die Psyche an, da die Menschen z. B. sehr verunsichert sind, ob sie sich nun impfen lassen sollen oder nicht. Dieses Bild des Virus, der unsere psychische Gesundheit angreift, zeigt sich auch in Z. 37 f. Der Autor erörtert Möglichkeiten zur Stärkung des „psychischen Immunsystems“ (Z. 38). Die Lösung erfolgt im letzten Absatz: Das „Überleben“ der diversen Krisen hat „immunstärkenden Effekt“ (Z. 75 f.) für unsere Psyche, denn „künftig [werden wir] gegen das Virus der Übererregbarkeit gefeit sein.“ (Z. 77 f.). Neben dieser auffälligen Metapher gibt es noch …

[2] Vgl. KombiKOMPAKT 11, Bausteine wissenschaftlichen Arbeitens, S. 230–233

4.3 Fassen Sie Ihre Analyseergebnisse in wenigen Sätzen in einem Fazit zusammen, das in eine begründete Textsortenbestimmung mündet.

Hilfestellung:
Bei journalistischen Texten gibt es eine grundlegende Einteilung der Texte in meinungsbildend und informierend. Zu den informierenden Textsorten zählen z. B. Bericht, Interview, Reportage.[1] Für die vorliegende Aufgabenstellung stehen die meinungsbildenden Textsorten im Vordergrund, da sie den Leser zu einer persönlichen Auseinandersetzung mit einem bestimmten Thema, hier dem „Krisenhype", anregen. Folgende meinungsbildende Textsorten kommen in Frage:
Kommentar: erörtert ein Geschehen oder einen Sachverhalt, ist meist namentlich gekennzeichnet und erscheint in vielen Zeitungen deutlich vom Nachrichtenteil getrennt. Der Kommentar argumentiert und appelliert.
Wichtige Formen: der **Leitartikel** (repräsentativer Kommentar einer Zeitung, an bestimmter Stelle platziert) und die **Glosse** (kurzer, ironischer Meinungstext, oft aggressiv und doppelbödig, der häufig mit verschiedenen Stilebenen und Stilmitteln arbeitet).

[1] Vgl. KombiKOMPAKT 11, Sachtextarten erkennen und unterscheiden, S. 141

5. Formulieren des Schlusses zur Sachtextanalyse und Erstellen der endgültigen Gliederung

5.1 Formulieren Sie einen zu Ihren Arbeitsergebnissen passenden Schluss Ihrer Sachtextanalyse.

Hilfestellung:
Im Schluss sollen keine Analyse- oder Interpretationsaspekte wiederholt werden. Am sinnvollsten ist oft ein Ausblick z. B. hinsichtlich möglicher Folgen für die Zukunft oder die Darlegung der eigenen Meinung zum Thema.

5.2 Erstellen Sie für den bisher erarbeiteten Teil eine vollständige, nominalisierte Gliederung.

Hilfestellung:
Eine gelungene Gliederung setzt voraus, dass Sie in den einmal gewählten Formalia konsequent sind: Ziehen Sie das einmal gewählte Nummerierungssystem (z. B. dezimale Gliederung 1, 2.1, 2.1.1, 2.1.2 usw. oder alphanumerische Gliederung A., B.I, B.I.1, B.I.1.a; B.I.1.b usw.) genauso durch wie die nominalisierten Formulierungen.

Bearbeitung der Teilaufgabe b)

Verfassen Sie ausgehend von Ihren Ergebnissen und unter Zuhilfenahme des weiteren Materials einen sprachlich eigenständig formulierten Kommentar bzw. eine Glosse für die Schülerzeitung zum medial beeinflussten Umgang mit Krisen. Wählen Sie dazu eine aussagekräftige Überschrift! Ihr Text sollte ca. 250–300 Wörter umfassen.

Sichten Sie zunächst das zusätzliche Material (Material 2) nach verwertbaren Informationen. Dabei darf eine Bewertung hinsichtlich der **journalistischen Textsorte** nicht fehlen, um die Qualität bzw. den Informationsgehalt des vorliegenden Textes einordnen zu können. Es ist wesentlich, ob es sich um einen meinungsbildenden oder hauptsächlich sachlich informierenden Text handelt.[1]

[1] Vgl. Aufgabe 4.3, S. 59

1 Markieren Sie die wesentlichen Informationen in Material 2, die Sie für den Schreibauftrag verwenden könnten. Bestimmen Sie begründend die Textsorte.

Hilfestellung:
Für Ihre Entscheidung, ob Sie einen Kommentar oder eine Glosse verfassen wollen, müssen Sie sich über die spezifischen Merkmale der Textsorten im Klaren sein. Die wesentlichen Aspekte des Kommentars bzw. der Glosse wurden oben schon behandelt. Als Schwierigkeit ist hier der teilweise **fließende Übergang zwischen Kommentar und Glosse** zu bemerken. Eine Glosse muss auf jeden Fall verschiedene Stilmittel und v.a. Ironie aufweisen und arbeitet meist mit verschiedenen Stilebenen und Doppelbödigkeit. Dazu kann ein bissiger mithin aggressiver Ton vorherrschen. Der Kommentar ist in dieser Hinsicht eher „harmlos“ gehalten, wobei auch hier Stilmittel und z.B. Ironie zur Unterstützung der Intention eingesetzt werden.

2 Untersuchen Sie die folgende Schülerglosse, die zur vorliegenden Aufgabenstellung verfasst wurde, hinsichtlich ihrer Struktur und ihrer wesentlichen Merkmale.

Hilfestellung:
Exemplarisch ist hier bereits der Anfang der Glosse analysiert.

Schülerbeispiel	Analyse / Bewertung
GLOSSE	Textsortenbenennung
„Leise rieselt der Schnee – oder warum Deutschland nicht rettungslos von der Schneelawine begraben wird.“	aussagekräftig Überschrift (Liedzitat) (**absichtlich vermiedener Hinweis auf das eigentliche Thema** *„medial beeinflusster Umgang mit Krisen“*) → Spannungsaufbau bis zur **Pointe**
Kaum fallen die ersten Schneeflocken, <u>gerät ganz Deutschland in Panik</u>! Die Angst geht um <u>vor Blitzeis</u> und <u>Verkehrschaos</u>, vor <u>Stromausfall</u> und dem <u>Abgeschnittensein</u> von der so existentiellen Außenwelt, <u>vor Kälte und Tod</u> verursacht durch <u>riesige Schneemassen</u>. Denn plötzlich fällt, <u>völlig unerwartet</u>, mitten im Dezember Schnee!!	*Aufgreifen der Überschrift* Personifikation Aufzählung Hyperbel, Ironie

Doch warum bleibt das alljährliche von den Medien heraufbeschworene Schneechaos-Weltuntergangsszenario in Bayern aus? Weil die Bayern ein besonders stressresistentes Völkchen sind? Wohl kaum! Die Antwort ist viel psychologischer, ein Bayer kann das Risiko bei Schneefall besser einschätzen als z. B. ein Norddeutscher, der Schnee eigentlich nur aus dem Skiurlaub kennt. Die Schneephobie versetzt den norddeutschen Körper in Alarmzustand: Die Pupillen weiten sich, Muskelspannung, Energiebereitstellung und Reaktionsgeschwindigkeit werden erhöht, Herzfrequenz und Atmung beschleunigen sich, der Norddeutsche schwitzt, zittert, ihm wird übel und schwindelig, wenn er nur die Wetterprognose im Radio hört. Kein Wunder, dass sich u. a. in Schleswig-Holstein die Verkehrsunfälle im Winter derart häufen. „Angst ist ein soziales Phänomen, man steigert sich da wechselseitig hinein", sagt ein Historiker von der Universität Bielefeld. Aber genau dieses Phänomen bietet auch den Ausweg aus der Misere. Wenn in der Tagesschau der prognostizierte Wintereinbruch nicht das Topthema mangels politischer Winterpause ist, wenn die Radiomoderatoren dem Schneechaos etwas Positives abgewinnen können und sei es nur der Jubel über Schneefrei für die Schüler Mecklenburg-Vorpommerns, dann halten sich die deutschen Angstwellen in Grenzen und die Menschen, auch im wunderschönen Norden Deutschlands, können den Zauber der glitzenden Winterlandschaft bei einem Spaziergang oder beim Rodeln genießen. Und sollte wider Erwarten eine Schneelawine ausgelöst werden, leistet die bayerische Rettungshundestaffel mit ihren hervorragend trainierten Lawinensuchhunden gerne Erste Hilfe, auch im Norden Deutschlands.

3 Erstellen Sie einen detaillierten Schreibplan für einen Kommentar der nächsten Ausgabe der Schülerzeitung zum Thema „Medial beeinflusster Umgang mit Krisen" als Vorstufe zum Ausformulieren.

4 Verfassen Sie den vorbereiteten Kommentar und finden Sie abschließend eine aussagekräftige und pointierte Überschrift.

Abschließendes Überarbeiten

1 Überarbeiten Sie Ihren Aufsatz.

Hilfestellung:
In einem letzten Arbeitsschritt sollten Sie Ihren Aufsatz überprüfen in Bezug auf:
- sprachliche Richtigkeit (orthografisch, grammatisch und stilistisch)
- formale Korrektheit (z. B. richtiges Zitieren)
- logische Schlüssigkeit
- Übereinstimmung von Aufsatz und Gliederung und von beidem in Bezug auf die Themenstellung
- vollständige Bearbeitung der gesamten Themenstellung
- formale Korrektheit der Gliederung (einheitlicher Sprachstil, logische und einheitliche Nummerierung)[1]

[1] KombiKOMPAKT 11, S. 258

Verfassen eines Kommentars / einer Rede / eines Essays in Verbindung mit einer Textanalyse

Aufgabe

a) Erschließen Sie den vorliegenden Text „Das Ende der Freiheit" von Ilija Trojanow und Juli Zeh.
Untersuchen Sie die Argumentationsstruktur und zeigen Sie auf, wie die sprachlich-stilistische Gestaltung diese unterstützt.

b) Verfassen Sie ausgehend von Ihren Ergebnissen unter Zuhilfenahme des Textes von Markus Beckedahl einen Kommentar, einen Redebeitrag oder einen Essay zu dem Thema „Grenzenlos frei im Internet".

Materialien

Material 1

Ilija Trojanow und Juli Zeh
Das Ende der Freiheit
Vorwort zu der von den Verfassern selbst als „Kampfschrift" bezeichneten Veröffentlichung *Angriff auf die Freiheit*

Quelle: Carl Hanser Verlag, München, 2009, S. 7–10

Wenn wir Angst haben, raschelt es überall.
Sophokles

Früh raus. Der Wecker klingelt. Es ist noch dunkel. Nicht gleich Licht machen, eine Minute auf dem Bettrand sitzen bleiben. Die Morgenluft einatmen. Das Fenster ist gekippt, die Tür zum Flur offen. In der Küche wartet die Espressomaschine. Wo sind die Hausschuhe? Sich strecken, aufstehen, das Licht anknipsen.
Sie ziehen den Vorhang am Küchenfenster zu, damit der Nachbar von gegenüber nicht hereinschauen kann, für alle Fälle, denn eigentlich schläft der an Wochentagen so lange wie Sie am Wochenende. Sie kochen sich einen doppelten Espresso, in Ihrer großen Lieblingstasse, damit Platz bleibt für die Milch. Sie führen die Tasse zum Mund, Sie pusten ein wenig, dann nehmen Sie einen Schluck. Jetzt kann der Tag beginnen.
Sie setzen die Tasse auf dem Tisch ab. Am Rand haben Sie zwei wunderschöne Fingerabdrücke hinterlassen. So scharf konturiert und vollständig wie die in Ihrem Reisepass. Oder die in den Datenbanken der U.S. Customs and Border Protection, seit Ihrem letzten Sommerurlaub in Florida. Beruflich sind Sie viel unterwegs? Dann kennt man das Muster auf der Kaffeetasse, die Sie gerade ins Arbeitszimmer tragen, auch in Schweden, Georgien und im Jemen.
Wie jeden Morgen rufen Sie Ihre privaten E-Mails ab. Die sind schon überprüft worden – nicht nur von Ihrem Virenscanner. Sie haben noch ein paar Minuten Zeit, bevor Sie zur Arbeit müssen, also rufen Sie die eine oder andere Webseite auf – die Kripo weiß, welche, wenn sie möchte, und kann das auch in sechs Monaten noch überprüfen. Sie nehmen schnell noch eine Überweisung vor, die Ihnen gerade eingefallen ist – die zuständigen Behörden wissen, an wen. Zum Glück heißen Sie Müller, das schützt ein wenig. Bei Ihrem Kollegen Tarik al-Sultan, der neulich zum Bergsteigen in Kaschmir war, verschickt der Computer

gerade den gesamten Inhalt der Festplatte an den Verfassungsschutz. Greifen Sie etwa gerade nach dem Telephon, um mit Tarik etwas Vertrauliches zu besprechen, das nicht ins Büro gehört? Lassen Sie es lieber sein. Besuchen Sie ihn zu Hause, wenn Sie ungestört reden wollen. Es sei denn, Tarik wurde als Gefährder eingestuft, weil er regelmäßig Geld an seinen arbeitslosen Cousin in Pakistan schickt. Dann ist seine Wohnung ohnehin verwanzt.

Sie eilen zur Haustür hinaus. Die Überwachungskamera Ihres Wohnkomplexes beobachtet jeden Ihrer Schritte. Auch beim Betreten der U-Bahn-Station werden Sie gefilmt, ebenso auf dem Bahnsteig und in der Einkaufspassage, wo Sie eine Zeitung kaufen. Haben Sie schon mal versucht, vor einer Überwachungskamera unschuldig zu wirken? Das ist noch schwieriger, als auf einem gestellten Photo natürlich zu lächeln. Warum wandert Ihr Blick ständig nach oben? Zweimal haben Sie direkt in die Kamera geschaut. Und jetzt greifen Sie sich schon wieder ins Haar. Wenn das noch einmal passiert, wird die biometrische Verhaltensanalyse den Alarm auslösen. Warum sind Sie so nervös? Laut Ihrer Patientenkarte bekommen Sie seit neuestem Beruhigungsmittel verschrieben. Und die Paybackkarte verzeichnet einen erhöhten Alkoholkonsum. Sie haben am Bankautomaten wieder 1000 Euro abgehoben. Wozu brauchen Sie so viel Bargeld? Außerdem ist Ihr Stromverbrauch im letzten Monat um 12,4 Prozent gestiegen. Verstecken Sie jemanden? In der Stadtbibliothek leihen Sie sich in letzter Zeit merkwürdige Bücher aus, über zivilen Ungehorsam und die Pariser Kommune. Reichen Ihnen die historischen Schmöker nicht? Und diese regelmäßigen Zahlungstransfers nach Südfrankreich? Wofür? Warum sind Sie letzte Nacht eigentlich so lange um den Block gelaufen? Sie hatten Ihr Handy nicht ausgeschaltet – da weiß man genau, wo Sie sind.

Nach der Arbeit steigen Sie ins Auto, um etwas Persönliches zu erledigen. Verzichten Sie auf die Verwendung Ihres Navigationssystems. Andernfalls lässt sich leicht herausfinden, wohin Sie fahren. Machen Sie einen Umweg, meiden Sie die Autobahn mit den ganzen Mautstationen. Sie fragen sich bestimmt schon, warum Ihnen so hartnäckig aufgelauert wird? Warum gerade Ihnen? Es gibt doch keinen Grund, aus dem sich irgendjemand für Sie interessieren könnte.

Sind Sie sicher?

Sind Sie absolut sicher?

Haben Sie nicht neulich gegen den G-8-Gipfel demonstriert? Dann verfügt die Polizei sogar über Ihre Geruchsprobe. Haben Sie nicht bis vor kurzem in jenem Studentenwohnheim gelebt, in dem auch ein gewisser Abu Mehsud untergekommen war? Das waren gar nicht Sie, das muss ein anderer Müller gewesen sein? Na, wenn man so heißt, liegt eine Verwechslung nahe, selber schuld. Und wie steht es mit Ihrer Lebensgefährtin, die kauft jede Menge Haarfärber, Fleckenlöser und Batterien. Das bedeutet: Wasserstoffperoxid, Azeton, Schwefelsäure! Halten Sie uns für blöd? Daraus kann jeder Idiot eine Bombe bauen. Natürlich behaupten Sie, Ihre Lebensgefährtin habe nicht vor, eine Bombe zu bauen. Das würde jeder antworten. Sollten Sie allerdings die Wahrheit sagen – wo liegt dann das Problem? Wir helfen Ihnen doch nur, diesen leidigen Verdacht aus der Welt zu schaffen, indem wir genau hinschauen. Das muss doch auch für Sie eine Erleichterung sein.

Kein Grund zur Beunruhigung also. Alles geschieht zu Ihrem Besten. Der Staat passt auf Sie auf. Der Staat ist Ihr Vater und Ihr Beschützer. Er muss wissen, was seine Kinder treiben. Wenn Sie nichts Schlimmes verbergen, haben Sie auch nichts zu befürchten. Die Entscheidung aber, was schlimm ist, überlassen Sie bitte den Spezialisten. Bedenken Sie, dass Sie sich verdächtig machen, wenn Sie nicht alles offenlegen. Wenn Sie mitspielen, müssen Sie keine Angst haben. Wir sind nicht die Stasi oder das FBI. Sie leben in einer gesunden Demokratie. Da kann man schon ein bisschen Vertrauen von Ihnen erwarten.

Was? Der Staat soll Ihnen vertrauen? Wo kämen wir da hin! Schon das Grundgesetz sagt, dass alle Gewalt vom Volke ausgeht. Und Gewalt gilt es einzudämmen. Da sind Sie ja wohl einer Meinung mit dem Innenministerium. Gehen Sie nur, Ihr Schatten bleibt hier. Man hört, sieht und liest von Ihnen.

Achtung bitte, wir unterbrechen diesen Text für eine wichtige Durchsage: Dies ist keine Science-Fiction. Wir wiederholen: Keine Science-Fiction. Dies ist nicht 1984 in Ozeanien, sondern das Jahr 2009 in der Bundesrepublik. Falls Sie sich immer noch nicht verdächtig fühlen – herzlichen Glückwunsch. Sie sind ein unbeugsamer Optimist. Wollen wir hoffen, dass Sie nicht soeben durch den Kauf dieses Buchs zu einem verdächtigen Optimisten geworden sind.

Material 2

Markus Beckedahl

Sollen Politiker, die das Netz gar nicht nutzen, die digitale Welt regulieren?

Quelle: Süddeutsche Zeitung vom 25.Mai 2009; jetzt.de

Das Internet ist eine Fundgrube guter Texte und Blogs. jetzt.de stellt jede Woche die interessantesten Blogger vor. Heute: Markus Beckedahl von netzpolitik.org. Das Blog existiert seit 2002 und begreift sich als „politische Plattform für Freiheit und Offenheit im digitalen Zeitalter." Auf der Seite sollen Wege aufgezeigt werden, „wie man sich selbst mit Hilfe des Netzes für digitale Freiheiten engagieren kann."

Als ich mit dem Bloggen anfing, wusste ich nicht mal, dass ich ein Blog nutze. Ich benutzte eine Software, mit der ich mich einfach auf's Schreiben und Publizieren konzentrieren und alles Technische weglassen konnte. Das war 2002 und ich begann, über die Einflüsse von Informationstechnologie auf Gesellschaft und Politik zu bloggen. Das interessierte mich und ich wollte mehr Menschen darüber aufklären und aktivieren. Die Themen waren damals schon dieselben wie heute, auch wenn sie noch nicht wirklich in der Öffentlichkeit angekommen waren. Auch heute fasziniert mich noch die Fragestellung: Wie verändert das Netz die Politik und wie verändert die Politik das Netz? Verändert hat sich mit der Zeit viel: Während die Blog-Welt vor Jahren noch recht übersichtlich war, sind heute hochgradig vernetzte Kommunikationsinfrastrukturen dazugekommen. Bloggen als Kulturtechnik ist nicht mehr nur auf die Software Blog beschränkt, soziale Medien wie Facebook und Twitter ermöglichen einen Kommunikationsmix, den immer mehr Menschen in ihr Leben integrieren. Die Netzwerke wachsen und neue Öffentlichkeiten entstehen. Nur die Politik tut sich noch schwer: Das Internet sei ein „rechtsfreier Raum" und müsse kontrolliert werden, heißt es. Das Wiederholen dieser Aussage macht sie nicht richtiger. Schon heute ist das Netz regulierter als der analoge Raum. Unsere Freiheiten werden im Monatstakt abgebaut: Vorratsdatenspeicherung, Online-Durchsuchung und nun Zensursula sind nur wenige Schlagworte.

Ich freue mich, dass bei vielen mittlerweile das Bewusstsein da ist, dass man der Politik des Freiheitsabbaus etwas entgegenstellen muss. Die Proteste gegen die Vorratsdatenspeicherung waren ein Anfang. Die digitale Gesellschaft entsteht und ihre Bürger gehen auf die analogen und digitalen Strassen. Innerhalb von weniger als vier Tagen unterzeichneten mehr als 50 000 Menschen eine E-Petition gegen die Netz-Zensur Pläne der Bundesregierung (Stichwort: Zensursula). Diese will im Kampf gegen Kinderpornographie die Büchse der Pandora öffnen und den Einstieg in eine Zensurinfrastruktur wagen. Viele fürchten, dass die Kinderpornographie-Debatte nur vorgeschoben ist. Zu laut sind die anderen Stimmen, die schon lange eine Ausweitung auf andere Bereiche fordern. Außerdem bringen die Zensursula-Pläne nichts, um Kinderpornographie aus dem Netz zu bekommen. Wir fordern daher „Löschen statt Sperren."

Und jetzt? Wollen wir die Entstehung einer digitalen Gesellschaft von älteren Politikern regulieren lassen, die das Netz nicht verstehen und nicht nutzen? Oder wollen wir sie mitgestalten? Dann müssen wir uns jetzt einmischen und für unsere Freiheiten kämpfen!

Aufgabenanalyse

Im vorliegenden Text wird auf ein aktuelles gesellschafts- und medienpolitisches Phänomen Bezug genommen: Internetnutzung und die damit verbundenen Freiheiten sowie Risiken. Die Bearbeitung der Aufgabe setzt – neben der gründlichen Analyse des Materials – Hintergrundwissen zur gesamten Thematik voraus.
Bei der Analyse des Sachtextes sollen die zentralen Aussagen des Textes auf ihren Informationsgehalt untersucht und angemessen wiedergegeben werden. Dabei wird die Argumentationsstrukur berücksichtigt sowie der Informationsgehalt beurteilt. Ebenso wird die Position des Autors herausgearbeitet.
Im zweiten Teil der Aufgabenstellung wird eine persönliche Auseinandersetzung mit den Inhalten des analysierten Textes durch Verfassen eines Kommentars, eines Redebeitrags oder eines Essays verlangt. Hierzu ist es nützlich, die weiteren Materialien (hier: Material 2) auszuwerten, um unter Einbezug zusätzlicher Informationen zum Thema Stellung nehmen zu können. Bei der Textproduktion soll sich der Schüler von den Vorlagen lösen und eigenständig formulieren.
Um die Aufgabenstellung umfassend bearbeiten zu können, ist es unerlässlich, eine Themenanalyse durchzuführen und auf die vorkommenden Operatoren einzugehen:

Erschließen heißt, einen Zusammenhang zwischen Textstruktur (Inhalt und Aufbau des Textes) und Textintention herzustellen. Unter besonderer Berücksichtigung der Argumentationsweise soll die Struktur des Textes (Sinnabschnitte, Abfolge von Argumenten, Zwischenüberschriften) erfasst und die Wirkung auf den Leser dargestellt werden.
Sollte eine Wertung oder Beurteilung gewünscht sein, wäre dies ausdrücklich in der Aufgabenstellung formuliert. Ist dies, wie in der vorliegenden Aufgabenstellung, nicht der Fall, sollte auch keine Wertung erfolgen.

Mit **untersuchen** ist gemeint, je nach Aufgabenstellung an Texten, Textaussagen, Problemstellungen oder Sachverhalten Schritt für Schritt kriterienorientiert bzw. aspektgeleitet zu arbeiten. Dabei ist zu klären, inwieweit Sachverhalte wiedergegeben und/oder bewertet, Thesen aufgestellt, Belege und Beispiele angeführt oder Schlüsse gezogen werden. Es wird die Frage gestellt, inwieweit die Argumente stichhaltig sind und die Beweisführung einem logischen Aufbau folgt.

Aufzeigen bedeutet, ein Analyseergebnis, ein Urteil, eine Einschätzung oder eine Wertung fachlich und sachlich abzusichern (durch einen entsprechenden Beleg, Beispiele oder eine Argumentation). Im konkreten Fall soll dies in Bezug auf die sprachlich-stilistische Gestaltung geschehen. Das heißt, die semantischen, syntaktischen und stilistischen Merkmale müssen im Einzelnen dargestellt, erklärt und am Text nachgewiesen werden. Dies sollte vor allem unter dem Aspekt erfolgen, wie die Gestaltung vom Autor zur Beförderung seiner Wirkungsabsicht eingesetzt wird.

Verfassen bezieht sich darauf, in Verbindung mit einer Textvorlage auf der Grundlage einer konkreten Arbeitsanweisung einen eigenen Text unter Benennung der notwendigen Entscheidungen und Arbeitsschritte zu planen und auszuformulieren. Dabei ist das Erstellen einer Gliederung erforderlich.

Angeleitete Bearbeitung der Teilaufgabe a)

Erschließen Sie den vorliegenden Text „Das Ende der Freiheit“ von Ilija Trojanow und Juli Zeh.
Untersuchen Sie die Argumentationsstruktur und zeigen Sie auf, wie die sprachlich-stilistische Gestaltung diese unterstützt.

1. Analyse und Einordnung des Materials

Bereiten Sie die schriftliche Ausarbeitung durch gründliches und aktives Lesen vor. Verwenden Sie dazu Markierungen, Unterstreichungen, Randbemerkungen, Hinweise und Kontrastpfeile zum Herausarbeiten und Darstellen Ihrer Befunde.[1]

[1] Vgl. KombiKOMPAKT 11, Der Schreibprozess bei allen Aufsatzformen ..., S. 257 und die weiteren Textanalyseaufgaben im vorliegenden Heft, S. 43 ff. und S. 57 ff.

Hilfestellung:
Zunächst gilt es, die vorgegebenen Materialien unter Berücksichtigung der folgenden Aspekte zu untersuchen:
- Thema / Inhalt: Welcher Sachverhalt bzw. welches Problem wird behandelt?
- Aufbau: Wie ist der Text strukturiert? (Sinnabschnitte, Abfolge von Argumenten, Zwischenüberschriften)
- Argumentationsweise: Werden Sachverhalte wiedergegeben und / oder bewertet, Thesen aufgestellt, Belege und Beispiele angeführt, Schlüsse gezogen? Sind die Argumente stichhaltig? Ist die Beweisführung logisch? Wird eher sachlich oder emotional argumentiert? Werden Lösungen vorgeschlagen?
- Textsorte: In welchem Medium und aus welchem Anlass ist der Text erschienen? Handelt es sich eher um einen informierenden, kommentierenden oder appellativen Text?
- Sprache und Stil: Überwiegt Hochsprache, Fachsprache oder Umgangssprache? Untersuchung von Wortwahl, Satzbau, Metaphorik, rhetorischen Figuren jeweils im Hinblick auf ihre Funktionen.
- Absicht (als Ergebnis der einzelnen Analyseschritte erschlossen): Welche Intention verfolgt der Autor mit seinem Text? Will er informieren, Kritik üben, anklagen, warnen, provozieren, manipulieren? Tut er das explizit oder eher implizit? An welche Adressaten wendet sich der Text?
- Wirkung: Erreicht der Autor seine Absicht bei den Adressaten? Spricht der Text eher den Verstand oder die Gefühle an? Welche Stellen wecken die Aufmerksamkeit des Lesers besonders?

Bereich **Aufbau:**

1 Unterteilen Sie den Text von Ilija Trojanow und Juli Zeh in Sinnabschnitte.

2 Untersuchen Sie gezielt die Zeilen 10–51. Wie gestaltet sich hier die Argumentationsstruktur?

Bereich **Textsorte:**

3 Markieren Sie in dem Abschnitt (Zeile 10–51) Schlüsselbegriffe und Formulierungen, die bei dem vorliegenden Text auf eine bestimmte Textsorte hinweisen.

Bereich **Absicht und Wirkung:**

4 Beantworten Sie die in den Hilfestellungen dargelegten Fragen zu Absicht und Wirkung im Hinblick auf den vorliegenden Text.

Bereich **Inhalt und Sprache**:

5 Setzen Sie die detaillierte Untersuchung zu Sprache und Inhalt – wie im folgenden Beispiel gezeigt – textchronologisch an den übrigen Abschnitten des Textes auf Seite 62 ff. fort.

Hilfestellung:

Inhaltliche Aspekte	Text / Schlüsselwörter	Formale und sprachliche Aspekte
Assoziation einer Alltags-situation am Beispiel eines ganz normalen Tagesbeginns	Früh raus. Der Wecker klingelt. Es ist noch dunkel. *Nicht gleich Licht machen, eine Minute auf dem Bettrand sitzen bleiben. Die Morgenluft einatmen. Das Fenster ist gekippt, die Tür zum Flur offen.* In der Küche wartet die Espressomaschine. Wo sind die Hausschuhe? *Sich strecken, aufstehen, das Licht anknipsen.* ... weiter auf S. 62 ff.	Keine Nennung des Protagonisten; Häufung von Aufforderungen in Form von Infinitivkonstruktionen; Charakter einer Bedienungsanleitung für den Alltag; Tempus: Präsens Personifikation; Frage: innerer Monolog

2. Erstellung einer Gliederung und Verfassen einer Einleitung

1 Verfassen Sie auf der Basis Ihrer Textanalyse und der vorgegebenen Grobgliederung eine inhaltlich klar strukturierte und sprachlich korrekte Gliederung für Ihren Text zur Teilaufgabe a).

Hilfestellung:
Die schriftliche Analyse sollte alle wichtigen Ergebnisse des ersten Bearbeitungsschrittes berücksichtigen. Sie könnte, bezogen auf die vorliegende Aufgabenstellung, zu folgender Grobgliederung führen:

A Einleitung:
Verortung des Themas, auf das der vorliegende Text eingeht; Publikationsanlass; Autor; Titel; Textsorte; Veröffentlichungsort

B Hauptteil:
- knappe Wiedergabe des Inhalts in eigenen Worten, verbunden mit einer Darstellung des Aufbaus und des Argumentationsverlaufs
- mit Zitaten belegte Analyse der Argumentationsweise, von Sprache und Stil mit dem Ziel, die Aussageabsicht des Autors herauszuarbeiten
- Einschätzung der Wirkung und der Überzeugungskraft des Textes

C Schluss:
Abrundung des Themas

2 Schreiben Sie anhand der vorgegebenen Informationen eine passende Einleitung für Ihren Analyseaufsatz.

3. Verfassen der Textanalyse zu Material 1

Hilfestellung:
Im Hinblick auf die schriftliche Ausarbeitung sollte unbedingt darauf geachtet werden, die wesentlichen Analyseergebnisse mit Zitaten[1] aus dem Text zu belegen, sowie stets die Wirkung auf den Leser zu berücksichtigen.
Außerdem ist der „Leitfaden zum guten Stil“[2] zu berücksichtigen.

[1] Vgl. KombiKOMPAKT 11, Bausteine wissenschaftlichen Arbeitens, S. 230 ff.
[2] ebd. S. 275 ff.

Verbessern Sie den fehlerhaften Ausschnitt aus einer Schülerarbeit zur Textanalyse. Berücksichtigen Sie dabei neben inhaltlichen und stilistischen Merkmalen auch die Regeln der Zitiertechnik.

FEHLER!

Zeh verwendet abwechselnd hypotaktischen und parataktischen Satzbau. Bei Feststellungen ist dieser meist parataktisch, da es sich um Fakten handelt. Sie verwendet viele Alltagsbegriffe, wie U-Bahnstation, Bankautomat oder Stromverbrauch. Aber auch Fachbegriffe, wie Wasserstoffperoxid, Azeton oder Schwefelsäure. Dabei wird deutlich, dass Alltägliches, wie Haarfärber auch für Bomben verwendet werden kann, man sich also schneller schuldig macht, als man denkt.
Sie verwendet häufig das Stilmittel Ironie, um ihre Kritik an dem Überwachungsstaat zum Ausdruck zu bringen. Dabei drängt sie dem Leser die Meinung nicht auf, sondern lässt ihm die Möglichkeit, es selber zu erkennen. Aus diesem Grund verwendet sie auch viele Fragen.

Angeleitete Bearbeitung der Teilaufgabe b)

Verfassen Sie ausgehend von Ihren Ergebnissen unter Zuhilfenahme des Textes von Markus Beckedahl einen Kommentar, einen Redebeitrag oder einen Essay zu dem Thema „Grenzenlos frei im Internet“.

1. Erstellen der Arbeitsgliederung für den Schreibauftrag

Verfassen Sie eine Arbeitsgliederung für einen Kommentar zu dem Thema „Grenzenlos frei im Internet“.

Hilfestellung:
Im Rahmen einer Arbeitsgliederung müssen lediglich die wesentlichen Bestandteile der Struktur des produzierten Textes festgehalten werden. Nach einer kurzen Stoffsammlung erfolgt die Stoffordnung. Überflüssiges wird gestrichen. Die Arbeitsgliederung dient als Schreibplan für den produktiven Teil der Aufgabenstellung.[1]

[1] Vgl. dazu auch die Hilfestellung unter 2.1 auf S. 67 dieses Kapitels

2. Verfassen des Kommentars, der Rede oder des Essays auf Basis der ausgearbeiteten Gliederung

Nach erfolgter Textanalyse können Sie sich im Rahmen des Schreibauftrages entscheiden, ob Sie einen Redebeitrag, einen Essay oder einen Kommentar zu dem Thema „Grenzenlos frei im Internet?“ verfassen.

1 Entscheiden Sie sich für eine Textsorte und schreiben Sie Ihren Text.

Hilfestellung:
Zum Verfassen Ihres Textes sollte auf Informationen aus Material 2 von Markus Beckedahl zurückgegriffen sowie auf Hintergrundwissen Bezug genommen werden. Anregungen und Argumente können dabei zwar aus den Textvorlagen entnommen werden, sprachlich sollten Sie sich jedoch von diesen lösen und auch inhaltlich weitere Gedanken bieten.

➜ Redebeitrag
Insbesondere die textsortenspezifischen Merkmale sind zu beachten, neben der Berücksichtigung des situativen Kontexts (Wer? Wann? Wo? Für wen?), also die Anrede zu Beginn, der konsequente Adressatenbezug während der Ausführungen und die Schlussformel. Ein „roter Faden“ und eine eindeutige Zielsetzung sollten stets erkennbar sein. Ebenso ist auf ein angemessenes sprachliches Niveau zu achten und auf eine Wirkungssteigerung durch gezielt verwendete rhetorische Mittel, wobei trotz anspruchsvoller Sprache die gute Verständlichkeit für die Zuhörer ein wichtiges Ziel ist; dafür sollten Sie insbesondere bei der Komplexität der Syntax Zurückhaltung üben.

➜ Essay
Im Gegensatz zum klassischen Erörtern weist ein Essay eine spezielle Argumentationsstruktur sowie eine besondere sprachliche Darstellung auf.
In einem Essay geht es um die kritische Auseinandersetzung mit einem Thema. Dabei ist eine subjektive Darstellung möglich. Ein Verfassen in der Ich-Form ist zulässig. Die Gedankenführung eines Essays folgt nicht immer einem analytisch strengen Duktus, sondern bietet Raum für Exkurse. Der Verfasser stellt die Inhalte nicht distanziert und objektiv dar, sondern pointiert und übertreibt an manchen Stellen sogar. Er integriert Anspielungen, die den Leser miteinbeziehen. Der Stil ist nicht nüchtern, sondern durchaus mit stilistischen Mitteln ausgestaltet. Ein Essay beansprucht nicht unbedingt eine vollständige Analyse eines Themas, sondern kann sich auf Teilaspekte begrenzen. Im Fokus steht neben der Information auch die geistreiche Unterhaltung des Lesers.

➜ Kommentar
Wie Glosse und Essay gehört auch der Kommentar zu den Meinungstexten. Der Kommentar geht, im Gegensatz zur Erörterung, als eine subjektiv wertende Form der Kritik gleich von einer dezidiert erkennbaren Position des Verfassers aus. Diese sollte sprachlich anspruchsvoll, prägnant und geistvoll dargeboten werden, zum Beispiel durch eine originelle Überschrift. Darüber hinaus darf der Verfasser interpretieren und bewerten. Der Kommentar kann durchaus auch provozieren, entscheidend ist aber, dass er dem Leser hilft, sich zu orientieren. Wesentlich ist dabei auch die Stringenz und Überzeugungskraft der Darlegungen. Der Kommentar verfügt über eine klare Gliederung, ist diesbezüglich weniger frei als Glosse und Essay.

2 Reflektieren Sie den folgenden Schülertext zu dem Thema „Grenzenlos frei im Internet" im Hinblick auf die Kennzeichen für einen Redebeitrag. Erstellen Sie dazu eine Arbeitsgliederung.

Rede der Landesschülervertreter vor dem Landeselternverband

Können Sie sich noch daran erinnern, was Sie vor einem halben Jahr für E-Mails verfasst haben? Nein? Rufen Sie mal bei der Kripo an – Ihr Freund und Helfer hat die Daten sicherlich noch abgespeichert und gibt Ihnen gerne Auskunft.

Sehr geehrte Eltern!
Grenzenlos frei im Internet – entspricht diese Vorstellung angesichts solcher Maßnahmen noch der Realität? Inwiefern brauchen wir Einschränkungen und wo hört die Freiheit auf? Wie bewerkstelligen wir es, dass Meinungs- und Informationsfreiheit gewährleistet und doch die Gesellschaft, besonders die Jugend, vor schädlichen Inhalten im Internet geschützt wird?
Besonders wichtig ist zunächst, dass wir uns darüber klar werden: Das Internet ist kein anarchistischer, unkontrollierter und gefährlicher Raum, vor dem wir uns fürchten müssen, sondern es ist schon massiv von Reglementierungen geprägt. Diese werden sowohl vom Staat als auch von einzelnen Unternehmen durchgeführt. Unter dem Vorwand, Kinderpornographie zu bekämpfen, sperrt der Staat verdächtige Internetseiten. Jedoch geraten auch harmlose Adressen in sein Visier. So wurde etwa die Seite eines Bremer Kinderarztes gelöscht, obwohl er lediglich den unbekleideten Oberkörper eines Kindes mit Hautausschlag veröffentlichte. Sehen Sie den Konflikt? Es kann eskalieren, wenn eine Beschränkung als Legitimierung für viele weitere dient, wenn man so rechtfertigt, dass das Grundrecht auf Meinungs- und Informationsfreiheit immer weiter beschnitten wird. Demokratie kann ohne diese Rechte nicht existieren. Soll unsere Bundesrepublik zur ausgehöhlten Scheindemokratie werden, wie es in China der Fall ist? Google sperrt dort den Begriff „Demokratie", der Staat verbietet Seiten mit homosexuellem Inhalt und diskriminiert so einen Teil seiner Bevölkerung.
Eine Einschränkung kommt selten allein. Und das nicht nur im Internet. Lassen Sie uns nur ein Beispiel aus der Politik anführen: George W. Bush nutzte den elften September 2001 als Vorwand für einen Krieg im Irak, dessen augenscheinliches Ziel es war, Terroristen zu bekämpfen und Demokratie zu schaffen.
Können Sie unsere Befürchtung nachvollziehen, dass eine Beschränkung einen Schneeballeffekt hervorruft? Zu der staatlichen Kontrolle des Internets kommt der Einfluss der großen Online-Unternehmen. So kann zum Beispiel Facebook einzelne Inhalte bestimmten Endgeräten und -nutzern verweigern. Der Internetforscher Tim O'Reilly prophezeit den sogenannten „War for the Web", in dem sich die mächtigen Internet-Riesen, wie Facebook, Apple, Amazon oder Google, um die Monopolstellung streiten. Das wäre schon wieder eine Reglementierung, wenn nur noch eine Meinung eines Konzerns vorherrschen würde!
Trotzdem muss es Grenzen geben. Das leuchtet besonders ein, wenn Sie sich vorstellen, dass Ihr Kind sich die unzensierte Hinrichtung Saddam Husseins oder die Gewaltattentate der Münchner U-Bahn Schläger beliebig oft ansehen kann. Das hat auch der Europaabgeordnete Christian Engström erkannt. In seinem sogenannten „Bill of Rights" für das Internet fordert er, dass die eigentlich selbstverständliche Neutralität im Netz schriftlich festgehalten werden muss, also dass jede Verbindung, die ein Bürger mit dem Internet herstellt, neutral ist und bleibt. Und dennoch beginnen die Gesetze im Internet v. a. bei Ihnen selbst. Verantwortung im Internet beginnt bei dem Internet-Nutzer und hört dort auch auf. Ohne Kritik ausüben zu wollen, bemängeln wir das fehlende Fachwissen der Menschen, die die Macht besitzen, Gesetze zu verabschieden, welche das Internet sichern sollen. Das Durchschnittsalter eines Politikers liegt bei 50,8 Jahren, demgegenüber ist ein Nutzer des sozialen Netzwerks „Facebook" im Durchschnitt 30 Jahre alt. Dadurch werden sehr unterschiedliche Bewertungsmaßstäbe angelegt.

Eine Lösung könnten sog. Internetfahnder sein, ähnlich einer Polizei. Bei der Kripo gibt es bereits eine Abteilung, die sich speziell auf Straftaten im Internet spezialisiert. Nachteile daran sind kaum zu finden. Diese Internet-Polizei handelt einzig und allein nach dem Gesetz und verhindert so das Auslösen eines Domino-Effekts und das grundlose Sperren harmloser Internetseiten, teilweise löschen sie aber sogar selbst Seiten. Denn was bringt Sperren, wenn Hacker oder dazu befähigte Nutzer immer wieder auf die Seiten zugreifen können?
Worauf wir hinauswollen ist, dass es sich lohnt für ein freies Internet zu kämpfen. Denn immerhin ist es ein von uns erschaffenes Medium, das nicht nur als Spaßmaschine fungieren soll. Nichtsdestotrotz gibt es Inhalte, die dem Gesetz widersprechen und die müssen selbstverständlich begrenzt oder gelöscht werden. Das Löschen von Internetseiten mit kinderpornographischen Inhalten sind nicht als Einschränkungen der Meinungsfreiheit zu sehen, sondern vielmehr als selbstverständliche Grundlage. Die Schwierigkeit besteht nun darin, eine sinnvolle Definition der Grenzen zu finden. Dafür wird jedoch schon gesorgt und das in akzeptablem Maße.
Die Angst darüber, welche Internetseiten Ihre Kinder besuchen, können wir Ihnen nicht nehmen – aber wir können Ihnen, sehr geehrte Eltern, ans Herz legen, dass die Verantwortung bei Ihnen liegt: Vertrauen ist zwar gut, doch gut gemeinte Kontrolle ist meist besser.

Autoren- und Quellenverzeichnis

4 **Enzensberger, Hans Magnus** (*1929): Ins Lesebuch für die Oberstufe, aus: ders., Verteidigung der Wölfe, Suhrkamp Verlag, Frankfurt, 1957, S. 88

4 **Jelinek, Elfriede** (*1946) im Spiegel-Interview 2002: „Mit Kunst kann man gar nichts erreichen", aus: http://www.spiegel.de/kultur/gesellschaft/0,1518,195140,00.html (zuletzt besucht am 27.4.2010)

14 **Matt, Peter von** (*1937): Aufforderung zum Verdacht (2009), aus: ders., Wörterleuchten. Kleine Deutungen deutscher Gedichte, Carl Hanser Verlag, München, 2009, S. 176

16 **Goethe, Johann Wolfgang** (1749–1832): Faust I, Reclam, Stuttgart, 1986

27 **Haushofer, Marlen** (1920–1970): Die Wand, List Verlag, Berlin, 2004 (Erstauflage 1963)

39 **Riedl, Gerhard**: Stiftung Lehrertest, aus: Das Gymnasium im Bayern (Die Zeitschrift des Bayerischen Philologenverbandes) Nr. 8–9/2009, S. 15-16

51 **Albrecht, Harro und Ulrich Schnabel**: Gefahren überall. Wir können Risiken nicht richtig einschätzen. Damit müssen wir leben, aus: Die ZEIT Nr. 49 vom 26. November 2009

53 **Schram, Stefanie**: Angst – ein Gefühl mit Nebenwirkungen. Wann wird eine berechtigte Angst zur Hysterie? Wissenschaftler suchen die Ursache bei Politikern und Spiegelneuronen – und geben Tipps gegen übertriebene Angst, aus: Die ZEIT Wissen 5, Mai 2009

62 **Trojanow, Ilija** (*1965) und **Juli Zeh** (*1974): Das Ende der Freiheit. Vorwort zu der von den Verfassern selbst als „Kampfschrift" bezeichneten Veröffentlichung Angriff auf die Freiheit, Carl Hanser Verlag, München, 2009, S. 7–10

64 **Beckedahl, Markus** (*1976): Sollen Politiker, die das Netz gar nicht nutzen, die digitale Welt regulieren?, aus: Süddeutsche Zeitung vom 25. Mai 2009
http://jetzt.sueddeutsche.de/texte/anzeigen/476158 (zuletzt besucht am 27.04.2010)

Unbekannte / ungenannte Autoren : Quelle

38 BGH Karlsruhe vom 27.06.09: Bundesgerichtshof entschied über die Zulässigkeit einer Lehrerbewertung im Internet (www.spickmich.de), aus: Das Gymnasium in Bayern (Die Zeitschrift des Bayerischen Philologenverbandes), Nr. 8–9/2009, S. 31

AbiKOMPAKT

Lösungsheft

C.C. Buchner

Lösungshinweise zu *Erschließung eines poetischen Textes I (Lyrik)*
mit Bausteinen zu Musterlösungen

Bearbeitung der Teilaufgabe a)

1. Vorarbeiten

1 Überprüfen des Textverständnisses mithilfe der folgenden Aufgaben

1.1 Richtig ist Antwort 3: mit einzelnen Daktylen durchsetzt

Zum Beispiel:

x́ x x | x́ x x | x́ x x | x x x
schlagen und malen den Neinsagern auf die Brust (Vers 5)
x́ x x | x́ x x | x́ x | x́ x x́
Zinken. Lern unerkannt gehn, lern mehr als ich (Vers 6)

Erreicht wird dadurch eine rhythmische Durchgestaltung. Das Gedicht weist jedoch auch keinen streng durchgehaltenen metrischen Rahmen auf, sodass es sich nicht um eine Ode handelt. Allerdings ist es auch nicht ihr Gegenteil. Das Gedicht spielt gewissermaßen mit der Form der Ode.

1.2 Richtig ist Antwort 2: die Inversion

Zum Beispiel:

Der Tag kommt, wo sie wieder Listen ans Tor	Vers 4
schlagen und <u>malen den Neinsagern auf die Brust</u>	Vers 5
<u>Zinken</u>. Lern unerkannt gehn, lern mehr als ich:	Vers 6
<u>in die Lungen der Macht zu blasen</u>	Vers 13
<u>den feinen tödlichen Staub</u>, gemahlen	Vers 14

Bei der Inversion handelt es sich um eine Umstellung der Satzglieder und damit um einen Verstoß gegen die Regeln der Syntax mit dem Ziel der Hervorhebung. Die unterstrichenen Verse müssten in regelkonformer Syntax lauten: „malen den Neinsagern Zinken auf die Brust“ und „in die Lungen der Macht den feinen tödlichen Staub zu blasen“.

1.3 Richtig ist Antwort 4: Metapher

Zum Beispiel: **Zinken**, was aus dem Kontext des Nationalsozialismus als Judenstern verstanden werden kann (Vers 6), **Lungen der Macht** (Vers 13), den feinen tödlichen Staub (Vers 14). Auffallend ist, dass gerade die wenigen Metaphern in Kombination mit der Inversion besonders hervorgehoben werden.

1.4 Richtig sind die Antworten 1 und 3: Nationalsozialisten und Machthaber

Der konkrete Bezug auf den Nationalsozialismus lässt sich einerseits mit der Entstehungszeit des Gedichts begründen, das man diesbezüglich auch als Warnung verstehen kann, andererseits geben z. B. die „Zinken“ in ihrer Bedeutung als Judensterne konkrete Hinweise im Text. In der zweiten Bedeutungsebene muss von den Machthabern im Allgemeinen die Rede sein, Diktaturen und die katholische Kirche, die in das Deutungsfeld durch die „Enzykliken“ gelangt, sind nur mögliche Ausprägungen. Gerade die junge Bundesrepublik, in der Enzensberger lebt und arbeitet, ist hier in den Blick zu nehmen. Darüber hinaus müssen sich die „Lungen der Macht“ nicht ausschließlich auf staatliche Macht beziehen. Eine Kombination Staat – Wirtschaft – Kirche liegt hier nahe.

1.5

Sachebene: Auf der Sachebene wird einerseits deutlich, dass das lyrische Ich davon überzeugt ist, dass „Der Tag kommt“ (Vers 4), an dem wieder diktaturähnliche Zustände herrschen, andererseits werden Verhaltenshinweise für eine solche Situation gegeben.

Selbstoffenbarungsebene: Hier wird das lyrische Ich charakterisiert und etwas über die möglichen Beweggründe seiner Botschaft deutlich. Zum Beispiel könnte es eigene Erfahrungen mit dem Nationalsozialismus haben. „Fahrpläne“ (Vers 1) und „Seekarten“ (Vers 2) brauchte man für das Exil und auch das „lern mehr als ich“ (Vers 6) deutet an, dass eigenes Erleben vorausgegangen sein könnte.

Beziehungsebene: Das lyrische Ich spricht direkt seinen Sohn an (Vers 1), kann sowohl Vater als auch Mutter sein. Die folgenden Handlungsaufforderungen machen die Besorgnis deutlich, die hinter den Imperativen jeweils stecken. Erweitert man die familiäre Ebene auf eine gesellschaftliche, so warnt die Generation der Mütter und Väter, wohlgemerkt die Opfer-, nicht die Tätergeneration, die nachfolgende Generation und fordert sie zum Handeln auf.

Appellebene: Das ganze Gedicht ist sowohl Warnung als auch Handlungsaufforderung (s. o.), was die zahlreichen Imperative verdeutlichen (z. B. „Lies“ Vers 1; „Lern“ Vers 6). Damit dominiert die Appellebene.

1.6 Folgende Ergänzungen sind vorzunehmen:

(1) Fahrpläne (Vers 1) und Seekarten (Vers 2)
(2) Listen (Vers 4) und Zinken (Vers 5)
(3) Verrat (Vers 8) und Rettung (Vers 8)
(4) Enzykliken (Vers 10) und Manifeste (Vers 10)
(5) Wehrlosen (Vers 12) und Lungen der Macht (Vers 13)

Während (1), (2) und (4) als Ergänzungen zu verstehen sind und einen Bezug herstellen zum Exil (1), zu den Methoden der Nationalsozialisten (2) und zu den Verlautbarungen der Macht (4), steht (3) in einem gewissen Spannungsverhältnis zueinander. Verrat ist zunächst mit negativen Assoziationen verbunden, aber in der Ausnahmesituation einer Diktatur legitimes Mittel der Rettung. Einen Gegensatz baut (5) auf, gewissermaßen den Grundgegensatz des Gedichts: Die Opfer stehen der Macht gegenüber.

1.7 Richtig ist Antwort 4: ironisch

Das Verhältnis von Überschrift und Gedicht ist deshalb ironisch aufzufassen, da zum einen gefordert wird, dieses Gedicht in den Kanon des Deutschunterrichts der Oberstufe aufzunehmen, um im Lesebuch wahrgenommen, mehr noch: behandelt zu werden, zum anderen aber das Gedicht bereits in den ersten Versen eine Absage an Literatur, insbesondere an Lyrik, enthält.

1.8 Binnengliederung des Gedichts:

Die Gliederungslogik, die hinter den Beispielen (2) und (4) steckt, kann nicht vollständig überzeugen. Während bei (2) die Teilung eher willkürlich erscheint, orientiert sich (4) an den gesetzten Punkten, die jedoch nicht konsequent auf unterschiedliche inhaltliche Aspekte verweisen.
Dagegen verweisen sowohl (1) als auch (3) auf die besondere Stellung der Verse 8 und 9. Bei (1) erfolgt die Trennung beim Wechsel von den Aufforderungssätzen zu den Aussagesätzen. Dass beide Teile inhaltlich miteinander verbunden sind, macht der Beginn des ersten Aussagesatzes in Vers 9 deutlich („nützlich"). Die Gliederung in drei Teile isoliert die Verse 8 und 9, sodass ein gleichgroßer erster und dritter Teil entsteht. Auch bei dieser Vorgehensweise wird deutlich, dass die Verse 8 und 9 als Bindegliedverse beide Teile miteinander verbinden. Allerdings erhalten der „kleine Verrat" und „die tägliche schmutzige Rettung" eine größere Bedeutung und sind zu interpretieren sowohl in Bezug auf den ersten Teil (Bezugspunkt die Imperative) als auch auf den zweiten Teil (Bezugspunkt der Beginn des zweiten Teils in Vers 9).

2 Erstellen Sie eine Gliederung für Ihren Interpretationsaufsatz

Gliederungsvorschlag (lineare Vorgehensweise)

I. Einleitung
  1. Autor, Titel, Entstehungsjahr, Thema
  2. aktueller Bezug oder persönlicher Zugang; evtl. Leitfrage

II. Hauptteil
  1. Inhaltszusammenfassung
  2. Textbeschreibung (vgl. Lösung zur Aufgabe 3.3)
  3. Interpretation
     - 3.1 Aufforderung zur Wachsamkeit (Verse 1–7)
     - 3.2 Verrat und Rettung (Verse 8–9)
     - 3.3 Informationen für den Widerstand (Verse 9–16)
     - 3.4 Zusammenschau: Die „Genauigkeit des Lernens" und die Kunst

III. Schluss
  1. eigene Wertung; evtl. Beantwortung der Leitfrage
  2. Überleitung zum Vergleich

Gliederungsvorschlag des Hauptteils (aspektorientierte Vorgehensweise)

II. Hauptteil
  1. Inhaltszusammenfassung
  2. Textbeschreibung (vgl. Lösungen zur Aufgabe 3.3)
  3. Interpretation
     - 3.1 Das lyrische Ich und der Leser: eine Kommunikationssituation
     - 3.2 Die Prognose des lyrischen Ichs (Darstellungsebene)
     - 3.3 Das lyrische Ich als Zeitzeuge (Selbstoffenbarungsebene)
     - 3.4 Vater und Vätergeneration (Beziehungsebene)
     - 3.5 Formen des Widerstands: Aufforderung zum Handeln (Appellebene)
     - 3.6 Zusammenschau: Die „Genauigkeit des Lernens" und die Kunst

Die Vorteile der beiden Verfahren liegen u.a. darin, dass es beim linearen Vorgehen leichter ist, den „roten Faden" entlang des Textes zu verfolgen, während die aspektorientierte Vorgehensweise die Gefahr eines möglichen Nacherzählens des Inhalts ohne interpretatorische Leistung mindert.

2. Verfassen des Interpretationsaufsatzes

1 Formulieren einer Einleitung

Der Lösungshorizont gibt hier bewusst keine Musterlösung einer Einleitung vor, da es sich dabei um ein individuelles Schreibprodukt handelt.

Hinweis: Die Einbeziehung des Jelinek-Textes können Sie zum Beispiel mithilfe einer Formulierung erreichen, die die Aufgabe der Kunst als gemeinsames thematisches Band der beiden Texte erläutert.

2 Inhaltszusammenfassung und Textbeschreibung

Die Lösung wird auf Basis der Antworten zu den Aufgaben 3.3 gegeben.

3 Überprüfen von Inhaltszusammenfassung und Textbeschreibung

Die Lösung wird auf der Basis der Antworten 3.1 – 3.2 gegeben.

3.1 Inhaltszusammenfassung in einem Satz

Das lyrische Ich in Hans Magnus Enzensbergers Gedicht „Ins Lesebuch für die Oberstufe" sieht für den Einzelnen und die Gesellschaft eine drohende Gefahr, die von den „Machthabern" ausgeht, und fordert deshalb seinen Sohn zu Wachsamkeit und Widerstand auf.

3.2 Erweiterung der Inhaltszusammenfassung um weitere wichtige inhaltliche Aspekte

Das lyrische Ich in Hans Magnus Enzensbergers Gedicht „Ins Lesebuch für die Oberstufe" sieht für den Einzelnen und die Gesellschaft eine drohende Gefahr, die von den „Machthabern" ausgeht, und fordert deshalb seinen Sohn zu Wachsamkeit und Widerstand auf. Es stellt den „Machthabern" die „Wehrlosen" gegenüber, zu denen es sich selbst aufgrund eigener biografischer Erfahrungen zählt, und lotet deren Handlungsmöglichkeiten aus. Dabei spielen Exil und Widerstand eine wichtige Rolle ebenso wie das Thema des Lernens. Möglichkeiten der Kunst werden vordergründig eine Absage erteilt.

3.3 Liste mit den zentralen formalen und sprachlichen Mitteln des Gedichts zusammenstellen

Gattung

- Gedicht
- keine Ode trotz einiger Gemeinsamkeiten (ohne Reim, Inversion)

Verslehre

- metrisch nicht durchgestaltet, mit einzelnen Daktylen durchsetzt
- „durchrhythmisiert" (siehe Peter von Matt)
- ohne Reim
- Enjambement (z. B. Verse 4/5, 5/6, 9/10)

Lexik (Wortschatz)

- wenig bildhafte Sprache
- vornehmlich Alltagssprache

Stilmittel

- Verwendung von Imperativen (Verse 1–8)
- Metapher (z. B. „Zinken"[siehe 1.3] Vers 6, „Lungen der Macht" Vers 13, „den feinen tödlichen Staub" Vers 14, „blasen" Vers 13, „gemahlen" Vers 14)
- Anapher (Vers 1: „Lies [...] lies", Vers 6: „Lern [...] lern")
- Inversion (siehe 1.2)
- Ironie (z. B. Überschrift und Gedichtinhalt)

3.4 Entscheidung über Aufnahme der Einzelaspekte in die Interpretation

Die Textbeschreibung soll keine Auflistung der formalen und sprachlichen Mittel sein, da sie nicht funktional mit dem Inhalt verknüpft werden. Es geht um einen ersten Überblick der poetischen Gestaltung des Gedichts. Deshalb ist es bereits bei der Textbeschreibung sinnvoll, auf den scheinbaren Widerspruch des Gedichts hinzuweisen. Das lyrische Ich fordert seinen Sohn auf, „keine Oden" zu lesen, bedient sich aber selbst des Mediums eines Gedichts. In diesem Formulierungszusammenhang könnten daher als Beleg zum Beispiel Hinweise zur Metrik, zu den vorkommenden Metaphern und der besonders auffallenden Inversion genügen.

4. Interpretation des Gedichts

Die Lösung wird auf Basis der Antworten zu den Aufgaben 4.1 – 4.5 gegeben.

4.1 Bedeutungsumfeld des Verbs „lernen"

Das Verb „lernen" kommt insgesamt dreimal direkt vor, zweimal als Anapher in Vers 6 und einmal in Vers 15. Hinzu kommt ein weiterer Kontext, der durch die Überschrift eröffnet wird.

Die Anapher „Lern unerkannt gehn, lern mehr als ich" hebt zum einen den notwendigen Lernprozess hervor und nimmt zum anderen Bezug auf die eigenen Erfahrungen des lyrischen Ichs. Der angesprochene Sohn soll sich einen wirkungsvolleren Umgang mit den Machthabern aneignen, als es das lyrische Ich offensichtlich – wohl in der Zeit des Nationalsozialismus – gekonnt hat.

Die zweite Dimension des „Lernens" wird in Vers 15 deutlich. Der vom lyrischen Ich angesprochene Sohn hat augenscheinlich auch die Aufgabe, das Gelernte weiterzugeben, gewissermaßen zum Widerstand auszubilden („die viel gelernt haben [...] von dir").

Eine weitere Dimension erschließt sich durch die Überschrift. Das Gedicht soll „Ins Lesebuch für die Oberstufe", soll gewissermaßen Bestandteil des zu erarbeitenden Lernstoffs für die Schülerinnen und Schüler sein. Damit erweitert sich die Zielgruppe vom Sohn über die Generation der Kinder bis hin zu den weiteren Generationen, wobei es sich, wie bereits dargestellt, nicht nur um den Lernstoff selbst, sondern auch um die Aufgabe des Weitergebens handelt.

4.2 Aspekt der Genauigkeit (Verse 2/16)

Im Umgang mit den Machthabern spielt die Genauigkeit eine wichtige Rolle. Sie wird einerseits den Oden und damit der Kunst gegenübergestellt (Vers 2), ist für die „Wehrlosen" (Vers 12) gewissermaßen die Voraussetzung zum Überleben in einer Diktatur, andererseits ist sie Voraussetzung für einen gelingenden Widerstand und korrespondiert dabei mit der notwendigen „Geduld" (Vers 12). In den letzten beiden Versen wird durch die Satzumstellung noch einmal die Betonung auf die Genauigkeit gerichtet. Eigentlich müsste es von der Syntax her heißen: von denen, die genau sind, // die von dir viel gelernt haben. Für den Prozess des Widerstands ist also die Genauigkeit notwendig.

4.3 Handlungsmöglichkeiten gegenüber den Machthabern, über die der Angesprochene verfügt

- Flucht ins Exil („Fahrpläne" Vers 1; „Seekarten" Vers 2)
- Leben mit den Machthabern („Lern unerkannt gehen" Vers 6; das Viertel wechseln, den Paß, das Gesicht" Vers 7)
- Widerstand leisten („in die Lungen der Macht zu blasen / den feinen tödlichen Staub" Verse 13 f.)

Diese drei Handlungsmöglichkeiten erinnern auch an die Reaktionen der Menschen auf das nationalsozialistische Terrorregime.

4.4 Kunstverständnis von Hans Magnus Enzensberger

Das lyrische Ich wendet sich gegen das Lesen von Oden, bezweifelt die Tauglichkeit der Kunst, den Machthabern entgegenzutreten. Selbst wenn sich die Kunst als Manifest gesellschaftspolitisch einmischen will, taugt sie lediglich dazu, „Butter einzuwickeln und Salz / für die Wehrlosen" (Verse 11 f.). Trotzdem verpackt Hans Magnus Enzensberger seine Botschaft in ein Gedicht, das er für die

Lesebücher der Oberstufe als wichtig erachtet, trotzdem gestaltet Enzensberger sein Gedicht mit einer Vielzahl poetischer Mittel. Dieser scheinbare Widerspruch wird aufgelöst, weil Enzensberger lediglich vor der Gefahr der „falschen Schönheit“ (Peter von Matt, Z. 22) der Lyrik warnt, sein Gedicht dagegen, selbst ein Manifest, zum (gesellschafts-)politischen Einmischen aufruft. Darüber hinaus bestimmt es „die Haltung der Intellektuellen gegenüber der politischen und wirtschaftlichen Macht und verpflichtet sie zum radikalen Misstrauen.“ (Peter von Matt, Z. 38 ff.)

4.5 Fallbeispiele für verschiedene Zitierweisen

(1) die sinngemäße Wiedergabe im indirekten Zitat
Das lyrische Ich fordert seinen Sohn auf, er solle keine Oden lesen. (Vers 1)

(2) das vorangestellte wörtliche Zitat
„in die Lungen der Macht zu blasen den feinen tödlichen Staub“ (Verse 13 f.) – mit dieser Metapher erreicht der Autor, dass sich die Leser über eine Konkretisierung des Gemeinten Gedanken machen müssen.

(3) das nachgestellte wörtliche Zitat
Auch das lyrische Ich hat Erfahrungen im Umgang mit den Machthabern und fordert vor diesem Hintergrund seinen Sohn auf, sich intensiver als es selbst damit auseinanderzusetzen („lern mehr als ich“, Vers 6).

(4) die Einbindung des wörtlichen Zitats in den Fließtext
Die Aufforderung „Versteh dich auf den kleinen Verrat“ (Vers 8), die das lyrische Ich an seinen Sohn richtet, kann zusammen mit dem nächsten Vers als Bindeglied zwischen dem ersten und dem dritten Teil des Gedichts verstanden werden.

(5) die Einbindung eines gekürzten wörtlichen Zitats in den Fließtext
Das Kunstverständnis des Autors wird bereits durch die Aufforderung „Lies keine Oden, [...] lies die Fahrpläne“ im ersten Vers deutlich.

5 Schluss

Der Schluss könnte eine Bilanzierung des Kunstverständnisses von Enzensberger enthalten und gleichzeitig überleiten auf den bereits in der Einleitung formulierten Themenzusammenhang zu Jelinek. In dieser Überleitung ist dann auch Autor und Textsorte zu nennen.

3. Vergleich mit den Thesen von Elfriede Jelinek

1 Folgende Markierungen wären denkbar:

Das gesprochene Wort büßt seine Macht ein: Kunst könne die politischen Geschehnisse nicht beeinflussen, sagte die österreichische Erzählerin und Dramatikerin Elfriede Jelinek anlässlich ihrer Auszeichnung mit dem Berliner Theaterpreis. „Mit Kunst kann man gar nichts erreichen“, stellte Jelinek fest. Auch das Theater könne nur noch bedingt politisch aufklären: „Ich glaube nicht, dass man mit Sprache heute noch jemanden erschrecken könnte. Leider glaube ich auch nicht, dass man damit aufklären kann.“
In ihrer Arbeit versuche sie, die Sprache zur „Wahrheit“ zu zwingen: „Die Sprache lügt ja, wo man sie lässt, sie sagt eine ‚falsche‘ Wahrheit.“ Man könne vielleicht sagen, dass sie die Sprache „so lange prügle“, bis sie ungewollt die Wahrheit sage, so die Autorin. Jelinek versuche, „mit Hilfe des Klanges der einzelnen Wörter der Sprache ihren ideologischen Charakter sozusagen herunterzureißen und ihr meine Art Wahrheit abzuringen.“

2 Überprüfen des Textverständnisses mithilfe der folgenden Aufgaben

2.1 Kreuzen Sie die richtigen Antworten an und geben Sie jeweils eine kurze Begründung

(2) Kunst kann auf die „politischen Geschehnisse“ nicht einwirken.
Jelinek negiert die Möglichkeit einer Beeinflussung der „politischen Geschehnisse“ durch die Kunst mehrmals ausdrücklich : zum Beispiel in den Zeilen 1 f. und in Zeile 4.

(3) Für Jelinek sind in diesem Kontext die „Kunst“ und die „Sprache“ gleichbedeutend.
Beide Begriffe werden nicht voneinander abgegrenzt, allerdings auch nicht synonym verwendet. Als Verfasserin von Theaterstücken ist die Sprache ihr spezielles künstlerisches Ausdrucksmittel. Ein weiteres künstlerisches Ausdrucksmittel wäre zum Beispiel ein Gemälde.

2.2 Beispiele für Jelineks Begriffsverbindung „politische Geschehnisse“

Hier lassen sich eine Vielzahl tagesaktueller politischer Vorgänge einsetzen.

2.3 Zwei Bedeutungsebenen des Begriffs „mit Sprache aufklären“

Ebene 1: mithilfe von Sprache bestimmte Sachverhalte verdeutlichen, auch enttarnen oder entlarven

Ebene 2: das Verb spielt mit der Epoche der Aufklärung und damit mit dem Bildungsauftrag, den sich die Protagonisten der Aufklärung auf die Fahnen geschrieben haben

2.4 Jelineks These, dass „Sprache lügt [...], wo man sie lässt“

Ein Beispiel wären sogenannte Euphemismen. Beschäftigte werden freigesetzt, statt Beschäftigte werden entlassen. Hier verschleiert Sprache das tatsächliche Geschehen und wird bewusst in manipulativen Kontexten eingesetzt.

2.5 Jelineks Vorstellung, „der Sprache ihren ideologischen Charakter [...] herunterzureißen"

Durch Wortwahl und Stilmittel dient die Sprache bisweilen ideologischen Zwecken. Wenn zum Beispiel in den 70er Jahren in der Politik von Gastarbeitern gesprochen wurde, wurde suggeriert, dass sich diese Menschen nur für eine bestimmte Zeit in Deutschland aufhalten, gewissermaßen „Gast" sind. Dabei wurde vielfach nicht von den Menschen ausgegangen, die sich in Deutschland eine neue Existenz aufbauten, sondern von einer bestimmten Ideologie. Jelinek möchte dies in ihrer „Spracharbeit" im Theater deutlich machen.

2.6 Erörterung der Frage, ob Jelineks Versuch, die Sprache zu entideologisieren, eine objektive oder eine subjektive „Wahrheit" zur Folge hat

Ergebnis ist eine subjektive „Wahrheit", denn Jelinek spricht davon, der Sprache „meine Art Wahrheit abzuringen" (Zeile 10 f.). Allerdings weist der Prozess der Entideologisierung auch eine gewisse Objektivierung auf, da der Sprache ihr ideologischer Schleier entzogen wird.

3 Vergleichsaspekte zum Gedicht von Hans Magnus Enzensberger

Gemeinsamkeiten

- Beschäftigung mit dem gesellschaftlichen Nutzen der Kunst
- Kritischer Umgang mit der Ansicht, Kunst könne (gesellschafts-) politisch etwas bewegen

Unterschiede

- Textsorte: Gedicht versus wiedergegebenes Interview
- radikalere Überzeugung von Jelinek
- Jelinek stellt fest, Enzensberger fordert auf

4 Gliederung zum Vergleich

mögliche Grobgliederung:

I. Einleitung: prodesse et delectare (nützen und erfreuen) – über den Sinn von Kunst
II. Textanalyse Jelinek
III. Vergleich Jelinek – Enzensberger
  1. Gemeinsamkeiten
  2. Unterschiede
  3. Synthese
IV. Schluss: zum Beispiel eigene Meinung über den Sinn von Kunst

5 Schluss ➔ siehe Aufgabe 2.4

6 Vergleich Enzensberger – Jelinek ➔ siehe Aufgabe 3

4. Überarbeiten

1 Unterschiede des Textes von Matt zu einem möglichen Abituraufsatz

Peter von Matt interpretiert das Gedicht von Enzensberger mit dem Vorwissen eines Literaturwissenschaftlers. Er bezieht Hinweise auf den biografischen und den zeithistorischen Kontext der Entstehung des Gedichts ein, über die Sie nicht selbstverständlich verfügen können. Seine Interpretation folgt eher einer persönlichen Interessenslage und nicht dem Anspruch auf Vollständigkeit.

2 Übernahme von Untersuchungsaspekten in den eigenen Aufsatz

Wenn Sie die einzelnen Erkenntnisse Peter von Matts mit Ihren Ergebnissen vergleichen, müssen Sie auf der Basis Ihres bisherigen Textes entscheiden, welche zusätzlichen hier formulierten Aspekte in Ihren Aufsatz übernommen werden können.

3 Überarbeitung der Einleitung

individuelle Lösungen

Bearbeitung der Teilaufgabe b)

Als Beispiel für einen Autor mit einem nicht nur gesellschaftskritischen, sondern vor allem revolutionären Anspruch können Sie Georg Büchner wählen. Lesen Sie dazu die Textausschnitte auf den Seiten 72–74 in KombiKOMPAKT 11 und informieren Sie sich darüber hinaus über sein Leben. Formulieren Sie Ihre Erläuterungen auf der Basis aller Informationen.

Lösungshinweise zu *Erschließung eines poetischen Textes II (Drama)*
mit Bausteinen zu Musterlösungen

Angeleitete Bearbeitung der Teilaufgabe a)

1. Stoffsammlung und Gliederung

1 Analoge Bearbeitung des folgenden Textausschnittes

Inhaltliche Aspekte:	*Sie fängt an zu singen, indem sie sich auszieht.*	Formale / sprachliche Aspekte:
„es war" ➔ märchenhaft / zeitliche Entfernung		
„Thule" ➔ räumliche Entfernung	Es war ein König in Thule,	*Liedstrophen*
Treue / Tod	Gar treu bis an das Grab,	*Kreuzreim*
„Buhle" = Geliebte ➔ freie Liebe	Dem sterbend seine Buhle	*jambisch*
Gold: Symbol des Echten	Einen goldnen Becher gab.	*4-hebig*
	Es ging ihm nichts darüber,	
	Er leert ihn jeden Schmaus;	
Augen : Tränen ➔ Emotion	Die Augen gingen ihm über,	
„so oft"	So oft er trank daraus.	
	Und als er kam zu sterben,	
„Zählen": relativ leicht vollzogener	Zählt er seine Städt im Reich,	
Verzicht auf irdische Werte	Gönnt alles seinem Erben,	
	Den Becher nicht zugleich.	
	[...]	
	Dort stand der alte Zecher,	
Leben & Tod	Trank **le**tzte **Le**bensglut,	Alliteration
Heiligkeit: Überhöhung der Liebe	Und warf den heiligen Becher	„trinken" 3mal
	Hinunter in die Flut.	„sinken" 2mal
	Er sah ihn stürzen, trinken	Personifizierung
	Und sinken tief ins Meer,	
Augen: Sterben „nie"	Die Augen täten ihm sinken.	
	Trank nie einen **Tr**opfen mehr.	Alliteration: Verstärkung

2 Gliederung des Aufsatzes zu Teilaufgabe a)

Eine Gliederung zur Teilaufgabe a) könnte beispielsweise folgendermaßen gestaltet sein:

A) Einleitung
   Vorstellung der Textgrundlage und des Autors

B) Hauptteil
1. Kontextualisierung der Szene im Dramenaufbau
2. Strukturierung der Szene und inhaltliche Kennzeichnung der Grundschritte:
   Margaretes zunehmende Verstörung (jeweils mit Versangaben)
   ➔
   a) Lied: „Es war ein König in Thule" (V. 2759)
   b) Fund des Kästchens und Suche nach rationalen Erklärungsversuchen (V. 2783)
   c) Überwältigung und Faszination angesichts des Schmucks (V. 2790 ff.)
   d) Wünsche für sich selbst und letztliche Resignation (V. 2796 ff.)
3. Analyse der dramaturgischen und sprachlich-stilistischen Gestaltungsmittel
   a) formale Mittel (Reime, Metren etc.) und deren Wirkung
   b) rhetorische Mittel und Stilfiguren
   c) dramaturgische Auffälligkeiten
4. Resümee der Analyse unter Fokussierung der darin zutage tretenden Charaktereigenschaften Gretchens
   Unterpunkte gemäß der Schlüsselbegriffe (Selbstbild – Fremdbild oder Selbstbestimmung – Fremdbestimmung oder Herkunft, Milieu etc.)
5. Überleitung zur Teilaufgabe b[1]), indem die Frage der Verantwortung für das eigene Handeln angesichts der Verführungskraft des Goldes thematisiert wird

2. Schreiben des eigentlichen Interpretationsaufsatzes

1 Beurteilung der Einleitung

Mögliche Beurteilung:

- nicht gut geeignet, weil sie keine Informationen zu Textauszug und Autor enthält (obligatorische Inhalte einer Einleitung)
- Sie steht zwar im Zusammenhang mit dem Inhalt des Textauszuges (der Schmuck), führt aber recht weitschweifig vom eigentlichen Interpretationsvorhaben weg; es dürfte schwerfallen, am Ende der Analyse diesen Gedanken in einem möglichen Schluss noch einmal aufzugreifen.

2 Eigene Einleitung formulieren

Denkbare Einleitungen wären:

- Die Gretchentragödie dominiert den zweiten Teil von Goethes Tragödie „Faust. Erster Teil". Das junge Mädchen Margarete wird von Faust verführt und verlassen. Diese Verführung bahnt sich im vorliegenden Szenenausschnitt an ...
- Faust ist eine der bedeutendsten Gestalten der deutschen Literatur. Im ersten Teil von Goethes Tragödie steht er zwischen seinem Verführer Mephisto und Gretchen, die mit ihrer Religiosität und inneren Reinheit zur Gegenspielerin Mephistos wird. Bei jeder Begegnung wehrt sie ihn ab. In der vorliegenden Szene ist Mephisto in Gretchens eigenen Raum eingedrungen ...

3 Einordnung des Ausschnittes in den Gesamtkontext

Wenn Sie die Szene in den Kontext stellen, muss deutlich werden, wer das Kästchen, das Margarete findet, versteckt hat, woher es stammt und welchem Zweck es dienen soll. Genauere Angaben zum weiteren Handlungsverlauf des Dramas sind für die Erschließung des Monologs nicht notwendig, sind aber für die zweite Aufgabe unabdingbar.
Der Szenenauszug ist der letzte Teil einer Szene („ABEND. Ein kleines, reinliches Zimmer"), die mit einem Monolog Margaretes beginnt, in dem diese sich an ihre kurze Begegnung mit Faust erinnert. Nachdem sie den Raum verlassen hat, erscheinen Faust und Mephisto und verstecken das Kästchen. Der Szenenausschnitt setzt nach dem Abgang der beiden ein.

4 Verfassen einer Inhaltsangabe

Hinweise für das Verfassen einer Inhaltsangabe:
Die Inhaltsangabe basiert auf einer Gliederung des Monologs: Auftritt Margaretes, ihre Befindlichkeit, das Lied, die Auseinandersetzung erst mit dem Kästchen und dann mit seinem prächtigen Inhalt, mit dem sich Margarete schließlich schmückt.
Sie beschreiben die **äußere Handlung**: Margarete betritt den Raum, öffnet das Fenster. Während sie sich auskleidet, singt sie ein Lied. Für sie zufällig findet sie das Kästchen, spekuliert über die Herkunft und findet eine plausible Erklärung. Dann aber öffnet sie das Kästchen und legt den Schmuck an. Dies wird ihr zum Anlass, über Schönheit, Reichtum und ihre eigene soziale Stellung zu philosophieren. Beachten Sie die Hinweise auf Ort und Zeit der Handlung sowie auf die soziale Stellung der Figur.

5 Verfassen des Interpretationsaufsatzes

Hinweise für das Verfassen des Interpretationsaufsatzes:
Der **erste Teil des Monologs** zeigt Margaretes Verstörung, ihre Empfindlichkeit gegenüber der Anwesenheit Mephistos. Sie empfindet ihre Einsamkeit, den fehlenden Schutz der Mutter. Das abendliche Zwielicht entspricht ihrer inneren Verfassung. Einerseits befindet sie sich in einem geschlossenen Raum, in ihrer eigenen engen Häuslichkeit, andererseits ist dieser Raum durch das Eindringen Mephistos und Fausts gestört und Margarete selbst öffnet das Fenster. Um diesen Vorgang zu beschreiben, sollten Sie die Begriffe *Diastole* und *Systole* verwenden, die Sie bei der Lektüre des „Faust" kennengelernt haben.
Der **zweite Teil des Monologs** besteht aus einem altertümlichen Lied. Gretchen singt das Lied, weil ihr die Stille unheimlich vorkommt, anscheinend ohne auf den Inhalt zu achten. Allerdings hat das Lied im Kontext durchaus Bedeutung: Es geht um Liebe, um nicht-konventionelle Liebe, um Treue und Tod. Die Motive, die Margaretes Leben bestimmen werden, sind enthalten. Insofern wird das Lied zur Reflexion über das Vergangene – Margarete ist Faust an diesem Tag begegnet – und zur Vorausschau in ihre Zukunft. Das Lied verrät mehr über die Protagonistin, als dieser bewusst sein kann. Außerdem charakterisiert das Volkslied (tatsächlich stammt es von Goethe selbst und entstand 1774 unabhängig von der „Faust"-Dichtung) die Sphäre, in der Margarete lebt. Die äußere Handlung – Margarete entkleidet sich – sollte berücksichtigt und ausgewertet werden.
Die **letzten Teile des Monologs** stellen den **Kern der Szene** dar. Finden Sie auch hier Schlüsselwörter und untersuchen Sie die Beziehung zwischen innerer und äußerer Handlung. Sie identifizieren Sehnsucht, Resignation und Einsicht als Margaretes Haltung. Setzen Sie sich mit der symbolischen Bedeutung des Goldes auseinander – auch im Gegensatz zu dem Lied.
Beachten Sie, welche Wirkung die Szene auf die Zuschauer hat: Sie erhalten Einblick in Margaretes Selbstbild und Wünsche; durch Margaretes Handeln und ihre laut ausgesprochenen Gedanken wird eine bestimmte Haltung gegenüber der Figur der Margarete erzeugt.
Die **sprachlich-stilistischen Gestaltungsmittel** sind recht auffällig. Schon das Schriftbild zeigt, dass das Metrum wechselt. Überprüfen Sie das Versmaß und die Wirkung der unterschiedlich langen Verse. Beachten Sie die Reime und untersuchen Sie, wie diese inhaltliche Zusammenhänge verdeutlichen. Beschreiben Sie Margaretes Sprache und untersuchen Sie, wie sie von sich selbst spricht (Pronomen!).

Für die **Charakterisierung** Margaretes stützen Sie sich auf Ihre Analyse. Die konkreten Befunde in Bezug auf Margaretes Herkunft, gesellschaftliche und familiäre Position, ihre Sprache, ihre Handlungen, ihr Selbstbild, ihr Handeln, ihre Gedanken und Gefühle werden verwendet. Beachten Sie die besondere Form des Monologs.

Überlegen Sie, was Margarete zu ihrem Handeln veranlasst. Verfolgen Sie ihre wechselnden Stimmungen. Untersuchen Sie, welches Selbstbild Margarete in dieser Szene entwirft und überlegen Sie, wie stimmig dieses Selbstbild ist. Zeigen Sie, was die Szene über Margaretes familiäre und gesellschaftliche Stellung, ihre Welterfahrung und ihre Wünsche verrät. Beachten Sie für Ihre Deutung, in welcher Position Margarete sich auf der Bühne befindet: allein und – zumindest teilweise – entkleidet. Derart schutzlos ist sie einer für sie unbekannten Situation ausgesetzt.
Da Sie vor der Textanalyse Herkunft und Zweck des Kästchens und des Schmucks angesprochen haben, können Sie nun erörtern, ob bzw. in welchem Maße dieser Zweck erfüllt wird.

Angeleitete Bearbeitung der Teilaufgabe b[1])

1. Stoffsammlung und Gliederung

1 Schlüsselwörter suchen und definieren

Schicksal: hebt ab auf die einzelnen Stationen von Gretchens tragischem Lebenslauf wie die Begegnung mit Faust, ihre Verführung, den Tod der Mutter und des Bruders, ihre soziale Ächtung aufgrund der Schwangerschaft, Fausts Verschwinden, die Geburt des unehelichen Kindes und dessen Ermordung, Einkerkerung, Verzicht auf Flucht und Hinrichtung.
Mitschuld meint eine teilweise Verantwortung in moralischer, religiöser und ethischer Beziehung, d. h. ihrer Familie und den sittlichen Geboten der Kirche und der damaligen Gesellschaftsordnung gegenüber. Ein Freispruch davon würde Gretchens Instrumentalisierung im Dienste mephistophelischer Machenschaften akzentuieren, die sie zum willenlosen Spielball für Fausts Sinnenlust werden lässt und damit zum Preis für seine gewonnene Wette um den Augenblick, der nach Dauer verlangt. Losgelöst vom metaphysischen Rahmen der Wette um Fausts Seele ist Gretchens gerade erwachende Sinnlichkeit als schuldmildernd zu bedenken; ebenso wie ihre Verführbarkeit durch Geschenke, Schmeichelei und Liebesgeständnisse, die wiederum auf ihre soziale Herkunft und mangelnde Lebenserfahrung zurückzuführen sind.

2 Stichpunkte zu anderen Lektüreerfahrungen mit der im Drama vorliegenden Problematik der Kindsmörderin

Hier sind – je nach Leseerfahrung des einzelnen Bearbeiters – sehr unterschiedliche Ergebnisse zu erwarten. Als relevante „Fälle" in zeitgenössischen Werken zur Fragestellung könnten genannt sein:

- Der Fall „Susanne Margaretha Brandt", 1772 als Kindsmörderin in Frankfurt am Main zum Tode verurteilt; der junge Goethe als Assessor Prozessbeobachter; siehe dazu: Willi Klaus Nawrath: Stundenblätter FAUST I und II, Klett Verlag Stuttgart 1991, 3. Aufl., S. 59–61
- Die Kindsmordgeschichte in Pfitzers Volksbuch: „Das andere Kapitel: Wie D. Faustus durch Wohlleben und Müssiggang zur Zauberkunst ist verursacht worden." In: Stundenblätter zu FAUST (a. a. O.) S. 56 f.
- Goethes Urteil in einem ähnlich gelagerten Fall während seiner Zeit als Geheimer Rat am Weimarer Hof
- Heinrich Leopold Wagners Trauerspiel „Die Kindermörderin"
- Gottfried August Bürgers Gedicht „Des Pfarrers Tochter von Taubenhain"

etc.

3 Schlüsselstellen aus dem Drama zusammenstellen

Die im Folgenden angegebenen Textstellen bzw. Zitate müssen nicht memoriert werden, sondern dienen hier nur zur besseren und gezielten Orientierung des Bearbeiters und sollten folglich nur sinngemäß inhaltlich bei der Bearbeitung parat gehalten werden.
Die zentralen Stellen sind:

- „Wald und Höhle" (Verse 3320–3322): Mephisto über Gretchens Gemütszustand
- „Gretchen am Spinnrad" (Verse 3374 / 6): Verlust des Seelenfriedens; (Verse 3382–85): geistige Verwirrung
- „Gretchen-Frage" (Verse 3415–17 und 3423 f., V. 3426, V. 3466–3468 etc.): Reflexion ihres Verhaltens Faust gegenüber und Distanzierung von ihm.
- „Am Brunnen" (Verse 3568 f.): Alleinschuld des Mädchens, das sich vor der Ehe hingibt; (Verse 3585 f.): Gretchen stuft ihr Verhalten als gut ein.
- „Zwinger" (Vers 3616): Das schwangere Gretchen bittet die mater dolorosa um Rettung vor „Schmach und Tod", d. h. sie ahnt die künftigen Ereignisse (Kindsmord und eigenen Tod) und fürchtet die öffentliche Anprangerung.
- „Nacht. Szene vor Gretchens Tür": Gretchen liefert den Grund für Valentins Tod. Ein biederer Verfechter bürgerlicher Moral kommt er von der Armee, um sie zurechtzuweisen.
- „Dom", „Gretchen unter vielem Volke" eingeengt: zeigt die typischen Symptome einer Schwangeren. „Böser Geist hinter" ihr tritt als ihr Gewissen auf: ungewollter Giftmord an der Mutter; vergossenes Blut des Bruders; schon spürbare Schwangerschaft (Vers 3790 f.); klaustrophobische Zustände (Verse 3817 f.)
- „Trüber Tag. Feld": verflossen ist ein ganzes Jahr, das Faust mit anderen Liebeleien zugebracht hat. „Sie ist die Erste nicht."
- „Kerker": Gretchens Wahnsinn wird manifest, d. h., sie wird als nicht zurechnungsfähig eingestuft; der Gesellschaft wird die Schuld für ihre Mordtat zugewiesen („Sie nahmen mir's (...), Sie singen Lieder auf mich! Es ist bös von den Leuten!", Verse 4445–4448); sie singt das Volkslied von dem Wacholderbaum, in dem eine böse Stiefmutter das getötete Kind dem Vater zum Essen vorsetzt (V. 4412–4420):
  - sie erkennt den Geliebten nicht (V. 4400), verrückt vor Angst
  - sie verwechselt die Realitätsebenen (V. 4443 und 4445 f.)
  - sie zeigt abrupte Gefühlsschwankungen (V. 4440 und 4470)
  - sie hat Visionen (V. 4516 und 4565 ff.)
  - erkennt ihre eigene Schuld an (V. 4544–4547)
  - nimmt den Tod als Sühne an

– ihre Liebe zu Faust ist erloschen (V. 4493–4497)
– eine Rettung ist unmöglich geworden (V. 4544–4549)
– Gretchens Hingabe (V. 4578) ist die Voraussetzung für ihre Errettung

4 Überarbeiten der Gliederung

Vorschlag für eine revidierte Fassung der Gliederung:

I. Aspekte, die für Gretchens Unschuld sprechen
  1. Manipulation ihres sittsam-unschuldigen Wesens durch Mephistos Teufeleien
    a) Verführung durch kostbare Geschenke
    b) Erregung von Fausts Leidenschaft mittels unbeobachteten Eindringens in Gretchens Schlafgemach
    c) Anfachende Schmeicheleien Mephistos beim Zusammentreffen mit Gretchen in Marthes Stube
  2. Beeinflussung von außen
    a) Marthes Kupplerdienste:
      – Überredung, das zweite Geschenk zu behalten und den Schmuck bei ihr anzulegen
      – Arrangement eines Rendezvous zwischen Faust und Gretchen in Marthes Garten
    b) heuchlerische Sozialmoral:
      – Ächtung gefallener Mädchen; Sanktionen bei nachträglicher Eheschließung
      – Erzeugung von Angst und Gewissenspein, die zu Kurzschlussreaktionen führen können
      – Todesstrafe für Kindstötung; Verzicht auf mildernde Umstände

II. Aspekte, die für Gretchens Mitschuld sprechen
  1. Verletzung gesellschaftlicher Normen
    a) Liebe zu älterem Mann aus höheren Kreisen (Standes- und Bildungsunterschied)
    b) Schwangerschaft nach vorehelichem Geschlechtsverkehr
  2. Verstoß gegen kirchliche Gebote
    a) Keuschheit vor der Ehe
    b) Beichte sündiger Gedanken, Worte und Werke
    c) Missachtung des Sakraments der Ehe und der Autorität des Familienoberhaupts
  3. Verwicklung in Mord und Totschlag
    a) Handlangerin beim Giftmord an der Mutter
    b) Ursache für die Tötung des Bruders
    c) Ermordung des eigenen Kindes

2. Überarbeitung einer literarischen Erörterung

1 Analysieren und korrigieren des Schülertextes

Korrekturen gemäß der Zeilenfolge:

- „Die Ansicht, dass G. in jeder Hinsicht frei von Schuld ist, lässt sich ...“ oder: „Die Ansicht, dass G. keinerlei Schuld trifft, ...“
- „versucht ... den frisch verliebten Faust mit G. zusammenzuführen“
- „Als Mephisto ins Haus von Gretchens Nachbarin kommt ...“
- „nachdem dieser ... überbracht hat“
- „Dass F. erheblich älter ist als G.“
- „G. dagegen hat erst vor kurzem ihren 14. Geburtstag gefeiert.“
- „Trotz ... ist sie für ihre Tat verantwortlich“ oder: „.... handelt sie in eigener Verantwortung“

2 Verbesserung der vorgegebenen Sätze

Verbesserung der Sätze in Hinblick auf Satzbau, Ausdruck und Stil

- Zwei Tatsachen sprechen dafür, dass Gretchen in tiefster Seele ein guter und unschuldiger Mensch ist: Zum einen ihr natürliches Gefühl, Mephisto als Inkarnation des Bösen schlechthin zu empfinden; zum andern ihre Entscheidung, den Tod durch das Schwert als Sühne für ihre Taten einer Flucht mit Faust vorzuziehen und sich somit der ewigen Gerechtigkeit anzuvertrauen.
- Unverheiratet ein Kind zu erwarten, war in der damaligen Zeit eine Schande ohnegleichen und wurde mit sozialer Ächtung und Kirchenstrafe belegt.
- Die Verantwortung Gretchens für den Tod ihrer Mutter und ihres Bruders, vor allem aber die Tötung ihres eigenen Kindes, sind besonders gravierende Tatbestände für eine Schuldzuweisung.
- Der Mord an ihrem eigenen Kind, wenn auch unter extremer seelischer Belastung begangen, muss als letzte Konsequenz einer tragischen Verstrickung gesehen werden.
- Bei Abwägung sämtlicher Argumente für oder gegen einen Freispruch Gretchens gibt der Kindsmord den Ausschlag für ihre Verurteilung als Schuldige.
- Den kostbaren Schmuck bei der Nachbarin heimlich zu tragen, verstößt gegen die Anordnung ihrer Mutter und kirchliche Gebote, aber auch gegen die etablierten Standesschranken. Ein einfaches Bürgermädchen darf sich nicht kleiden wie ein Edelfräulein.

3 Prüfen und Präzisieren der Schlüsselbegriffe

Präzisierung der Schlüsselstellen:

- Stelle 1 (Z. 2): Gretchen ist für Mephisto nur ein Objekt der Begierde, das er Faust zuführt, um ihn in den Sinnentaumel zu stürzen.
- Stelle 2 (Z. 2 f. u. 16 f.): Charakter bzw. Wesen meint eine Verhaltensdisposition, die durch das Milieu und die Erziehung geprägt ist. Bezogen auf Gretchen wären Prädikatoren wie unschuldig, fromm, natürlich, häuslich, brav, schüchtern, angepasst, arbeitssam, aber auch hingebungsvoll, leicht lenkbar, altruistisch, schicksalsergeben zu nennen.
- Stelle 3 (Z. 18 f.): Gretchens Beeinflussbarkeit ist auf ihre jugendliche Naivität zurückzuführen. Sie ist den Verführungskünsten, Schmeicheleien Kuppeleien hilflos ausgeliefert.
- Stelle 4 (Z. 26 f.): Sie fürchtet sich vor den rigiden Sanktionen der Gesellschaft, die ihren „Fehltritt“ öffentlich brandmarken.
- Stelle 5 (Z. 34): NORMEN regeln hier eine juristisch, kirchlich und sozial verankerte Ehe und Sexualmoral, die dem Bestand der autoritär- patriarchalischen Strukturen dient und Schuldzuweisungen verfügt, die allein die Frauen als „Sünderinnen“ stigmatisiert.

- Stelle 6 (Z. 39): ANSEHEN im Sinne von öffentlicher Reputation (Ruf, Ehre) gewinnt nur derjenige, der sich durch rollenkonformes, geschlechtsspezifisches Verhalten die Achtung seiner Mitbürger sichert.
- Stelle 7 (Z. 50): VERGNÜGEN bedeutet hier soviel wie sexuelle Hingabe als natürliche Konsequenz einer vorurteilsfreien, absoluten Liebe.
- Stelle 8 (Z. 56): Übernahme von VERANTWORTUNG für ein uneheliches Kind setzt voraus, dass die ledige Mutter in einem psychisch stabilen Zustand sich befindet, über ausreichend ökonomische Mittel und familiäre Unterstützung verfügt und im gesellschaftlichen Umfeld auf keine gravierenden Benachteiligungen oder Ausgrenzungen stößt.

4 Verbessern der unterstrichenen Passage

Verbesserte Fassung:
Die Szene „Am Brunnen“ spiegelt im Schicksal des Bärbelchen, was auf das schwangere Gretchen an Schmähungen und kirchlichen Strafen zukommt. In der Erzählung Lieschens werden noch einmal die Stationen der Verführung und Betörung bis hin zum Verlassenwerden aufgezeigt. Jeder Satz muss ein Stich in Gretchens Herz sein. Gretchens Bedauern für das arme Ding stößt auf Unverständnis und Schadenfreude. Es geschehe ihr nur recht, meint Lieschen, wenn sie nun Buße tun müsse. Verteidigt wird von ihr der Kindsvater, der sich aus dem Staub gemacht hat. Sie malt sich schon das Spießrutenlaufen aus, falls die Geschwängerte tatsächlich die Frechheit hat, ihn zu heiraten. Gretchen bleibt mit der schmerzlichen Einsicht zurück, dass sie in ihre jetzige Lage als „Sünderin“ nur geraten ist, weil sie alles aus Liebe und gutem Herzen getan hat.

Lösungshinweise zur Bearbeitung der Teilaufgabe b[2])

Iphigenie befindet sich in einem Konflikt zwischen Bruderliebe (Rettung Orests und seines Freundes Pylades vor der drohenden Opferung durch die Priesterin Dianens, die Lüge und Täuschung des Skythenkönigs zur Voraussetzung hätte) und Dankbarkeit und Aufrichtigkeit Thoas' gegenüber, der ihr stets mit väterlicher Liebe und Fürsorge seit ihrer Ankunft auf Tauris begegnet ist. Sie sieht ihren eigentlichen Lebenszweck, die Entsühnung ihres Geschlechts vom Fluch der Tantaliden, in Gefahr, da diese nur mit reiner Hand und reinem Herzen gelingen kann.
In dieser krisenhaften Zuspitzung trifft sie in kindlichem Vertrauen auf die Güte und Wahrhaftigkeit der Himmlischen („Rettet mich und euer Bild in meiner Seele“) eine autonome sittliche Entscheidung. Sie legt ihr Schicksal und das des Bruders in Thoas' Hand („Verdirb uns, wenn du darfst.“), indem sie ihm den geplanten Betrug gesteht. Hoffend, dass der „Barbar“ der Stimme der Menschlichkeit nachgibt, setzt sie also ihre Existenz aufs Spiel. Letztlich führt aber ihr Wille zur unbedingten Wahrheit („Weh der Lüge!“) bzw. ihre Unfähigkeit, als „schöne Seele“ List und Tücke anwenden zu können, zur Bestätigung und zur Lösung ihres Konfliktes.
Trotz der in Bedrängnis aufkeimenden Zweifel an der eigenen Integrität siegt ihr Vertrauen in eine humane, auf Selbstbestimmung und Selbstmäßigung bzw. Entsagung gegründete Lebensordnung. Ganz im Gegensatz zu Gretchen ist Iphigenie also niemals einer verhängnisvollen Verkettung diabolischer Machenschaften hoffnungslos ausgeliefert.

Lösungshinweise zu *Erschließung eines poetischen Textes III (Prosa)*

1. Bearbeitung von Teilaufgabe a)

1.1 Unterstreichen der Figurennamen sowie Orts- und Zeitangaben und Markieren der wesentlichen Handlungsschritte

Figuren des Textes: „Ich" (Z. 1), das befreundete Ehepaar Hugo und Luise Rüttlinger (Z. 3), ein Jäger, der aber nicht als Figur auftritt, sondern nur erwähnt wird (Z. 2 f.), sowie der Hund Luchs. Der Textausschnitt fokussiert eine weibliche Figur, die mit der Erzählinstanz identisch ist. Von ihr erfährt der Leser nur äußerst wenig (der Vorspann der Aufgabe enthält alle Informationen, die auch auf den Seiten vor dem Auszug gegeben werden): eine verwitwete Dame mittleren Alters, Mutter zwar, aber nicht mehr in der Rolle der Sorgenden und ohne nennenswerte Bindung zu den Töchtern (die Trennung der Familie durch „die Wand" wird nicht sonderlich bedauert), wohl ohne weitere partnerschaftliche Bindung. Weder der Ausschnitt noch der Restroman nennen ihren Namen. Aus ihr, der anfänglichen Begleitperson, wird im vorliegenden Ausschnitt die alleinige Protagonistin des Romans, sie, der Gast des Ehepaars Rüttlinger, wird durch „die Wand" zur Besitzerin der Jagdhütte und des Jagdhundes Luchs, während deren ursprüngliche Besitzer einem rätselhaften Schicksal erlegen sind.
Ausgleich zum fehlenden menschlichen Figureninventar bieten allerdings die Tiere, derer sich die Protagonistin annimmt. Im Textausschnitt ist das insbesondere der Hund Luchs, der der Hauptfigur zum ständigen Begleiter wird. Luchs wird von ihr ausgesprochen differenziert in seinem Verhalten und seinen nahezu menschlichen Gefühlen wahrgenommen. [U]ngeduldig winselnd" (Z. 4 f.), „[f]reudig bellend"(Z. 18 f.), „schmerzlich und erschrocken jaulen[d]"(Z. 21 f.), „[Z]itternd und winselnd"(Z. 24 f.), „was ihn so ängstigte"(Z. 28 f.): all diese Wahrnehmungen von Gefühlen des Hundes sowie die freundliche Zuwendung, die sie ihm zukommen lässt („[i]ch streichelte ihn, bis er sich beruhigte", Z. 41 f.) offenbaren die besondere Beziehung, die die Hauptfigur zu ihren Tieren, insbesondere zu dem Hund Luchs pflegt.
Ortsangaben: das Jagdhaus (Z. 1–12), der Weg durch die Schlucht zum Dorf (Z. 14 ff.). Die Welt im Text lässt sich damit in zwei Räume gliedern: die Bergnatur, zu der das Jagdhaus gehört und das Dorf (und dahinter die weitere „zivilisierte" Welt, der die Protagonistin entstammt). Die „Wand" teilt die beiden Räume durch eine unüberschreitbare Grenze: auf der einen Seite verbleiben (lebendig) die Ich-Figur und der Hund, auf der anderen Seite alle anderen Figuren, über deren Ergehen der Text keine Auskunft gibt.
Zeit: Der Ausschnitt umfasst einen Morgen gegen Ende April von ca. acht Uhr früh bis in die späten Morgenstunden („Es war acht Uhr", Z. 9 f., „Es war noch sehr kühl", Z. 12 f., „in der Morgensonne", Z. 29 f., „im Morgenlicht", Z. 43, „Die Sonne stieg höher und höher", Z. 53). Sowohl die Jahres- als auch die Tageszeit sind interpretationsbedürftig: Frühling und Morgen stehen für das Neue bzw. den Aufbruch.

Handlungsschritte: Erwachen und Erstaunen über abwesende Freunde (Z. 3–12); Gang in Richtung Dorf (Z. 14–20), Zusammenstoß mit der Wand (Z. 21–32), Untersuchung der Wand und Reflektion über ihre Beschaffenheit und den Verbleib der Mitmenschen (Z. 33–75).

1.2 Markieren der Hinweise auf die Erzählform, auf die Erzählsituation und die Erzählperspektive; dominierende Erzählweise bestimmen

Zur **Erzählform**: Ich-Erzählerin; d. h. die Erzählerin ist gleichzeitig (Haupt-)Figur in der von ihr erzählten Geschichte.
Zur **Erzählsituation**: Offensichtlich liegt zwischen dem hier Erzählten und dem Zeitpunkt des Erzählens selbst ein zeitlicher Abstand. Die **Erzählerin** thematisiert etwa eine Erinnerungslücke („Ich weiß nicht, wie lange ich auf dem Baumstamm sitzen blieb, aber ich erinnere mich, dass meine Gedanken immerfort um ganz nebensächliche Dinge kreisten [...]", Z. 50 f.). Damit ist klar, dass die Erzählerin auch dominant Perspektivträgerin ist: sie blickt aus dem Nachhinein auf die selbst erlebten Geschehnisse und kann über ihre damaligen Gedanken und Gefühle Auskunft geben. Gerade aber an Stellen, in denen die Hauptfigur mit der „Anormalität" konfrontiert ist, gibt die Ich-Erzählerin – wenngleich auch nur jeweils sehr kurz – die Perspektive an das Figuren-Ich ab: „Es war acht Uhr; die beiden mußten im Dorf geblieben sein." (Z. 9) Hier ist klar, dass das Figuren-Ich Perspektivträger ist, denn die Erzählerin weiß ja bereits, dass dies so ist und kennt auch längst den Grund dafür. Ebenso in der Folge: „Vielleicht hatte Hugo einen Herzanfall erlitten" (Z. 16 f.). Auch hier weiß die Erzählerin, dass dem nicht so ist; wir als Leser nehmen demnach durch die Augen des Figuren-Ich wahr, das nur einen eingeschränkten Blick auf die Wirklichkeit besitzt. Und schließlich die dritte Passage: „Offenbar hatte [das Wasser des Bachs] sich schon durch das durchlässige Kalkgestein gegraben. Die Wand konnte also nicht tief in die Erde reichen." (Z. 64 f.) An allen drei Stellen gelingt der Perspektivwechsel durch den Einsatz der freien indirekten Rede. Anstatt zu formulieren: „Ich dachte: ‚Die beiden müssen im Dorf geblieben sein'" (direkte Rede) oder „Ich dachte, dass die beiden im Dorf geblieben sein mussten" (indirekte Rede), lässt die Erzählinstanz hier die Redeeinleitung („Ich dachte") weg und erzielt dadurch eine maximale Nähe des Lesers zu den Gedanken der Figur.
Wenngleich die Erzählerin in zeitlichem Abstand über das Geschehen an jenem Tag Ende April berichtet, so lässt sich nicht erkennen, dass sie über ein besonderes Mehrwissen verfügt, was dem Leser etwa das Rätsel der „Wand" erhellen könnte. An keiner Stelle deutet sie zudem an, dass sie sich nun ja wieder auf der jenseitigen Seite der Welt befindet. Es scheint, als habe sie gegenüber der Ich-Figur, die sie zum Zeitpunkt der Geschichte war, kaum oder nur äußerst geringen Informationsvorsprung.
Zu den **Erzählweisen**: Diese Reduktion der Vermittlung auf die bloßen Tatsachen lässt sich auch in der Erzählweise des Textes er-

kennen. Die Erzählerin enthält sich nahezu vollkommen der Möglichkeiten, zu ihrer Geschichte in Distanz zu treten, etwa mittels eines Kommentars zur Geschichte. Auffällig ist, dass nirgendwo ein Erklärungsansatz geboten ist, der das unfassbare Geschehen – das Vorhandensein der „Wand" – in einen Kausalzusammenhang fasst (in den fünfziger und sechziger Jahren ließe etwa die angespannte politische Weltlage an einen atomar ausgetragenen Krieg denken). In dem vorliegenden Ausschnitt wird nahezu ausschließlich Handlung vermittelt, und zwar nicht szenisch, sondern über den Bericht der Erzählerin. Interessant ist das Bemühen der Erzählerin um konkrete Verortung der Handlung (genaues zeitliches und räumliches Verankern). Nur wenige Beschreibungselemente werden in diesen Bericht eingebaut, obwohl gerade die unerhörte Begegnung mit der „Wand" zu einer genaueren Beschreibung einladen würde. Vielmehr kommt die Erzählerin hier nicht über die Merkmale „etwas Glattes und Kühles" (Z. 34) hinaus, die später noch einmal, um „etwas Unsichtbares" (Z. 45) erweitert, wiederholt werden. Diese Verweigerung, sich deskriptiv mit der „Wand" auseinanderzusetzen, verweist bereits darauf, dass die Ich-Figur sie letztlich hinnimmt, um sich in der Bergwelt mit den Tieren, aber ohne menschliche Kontakte, einzurichten. Wichtig ist hier noch festzuhalten, dass die Erzählerin offensichtlich nicht als in die „Zivilisation" Zurückgekehrte erzählt, sondern immer noch hinter der Wand lebt.

1.3 Notieren sprachlicher Auffälligkeiten (rhetorischer Figuren, Komplexitätsgrad des Satzbaus etc.)

Der bewussten Abstinenz gegenüber einem Mehrwissen entspricht der wenig elaborierte Satzbau: In kurzen, wenig variierten Sätzen berichtet die Erzählerin von den Handlungen, die sie an ihrem ersten Morgen in den Bergen verrichtet: „Ich erwachte davon, daß die Sonne auf mein Gesicht fiel [...]. Im Schlafrock rannte ich die Stiege hinunter [...]. Ich ging ins Schlafzimmer, obgleich ich sicher war, dort keinen Menschen zu finden [...]. (Z. 1–6) Dem schlichten Satzbau entspricht vollkommen die fehlende rhetorische Ausschmückung der Sprache. Obwohl der Textausschnitt ein äußerst wichtiges, ja unglaubliches Ereignis in den Blick nimmt, das das Leben der Hauptfigur aufs heftigste verändert, wenn nicht gar bedroht, fehlt der Sprache durch den fehlenden Redeschmuck jegliches Pathos; sie wirkt geradezu kühl im Verhältnis zu dem außerordentlichen Geschehnis auf der Ebene der Geschichte. Interessant ist in diesem Zusammenhang, wie die Erzählerin ihr Gefühl im ersten Kontakt mit der „Wand" schildert: „Dann hörte ich lautes Pochen und sah um mich, ehe ich begriff, daß es mein eigener Herzschlag war, der mir in den Ohren dröhnte. Mein Herz hatte sich schon gefürchtet, ehe ich es wußte." (Z. 36–38) Der sehr eigenartigen Formulierung dieses letzten Satzes liegt das rhetorische Stilmittel der Synekdoche, hier in der Variante des *pars pro toto,* zugrunde: das „Herz" steht offensichtlich für den Menschen, in dessen Körper es schlägt, also für das „ich"; das „Herz" kann sich fürchten, das „ich" aber interessanterweise wohl nicht, denn im Nebensatz wird das „ich" zu seinem „Herz" in Distanz gebracht („ehe ich es wußte"): Es gibt demnach zwar ein „Herz", das Träger der Gefühle ist, das „ich" allerdings scheint selbst nicht zu fühlen, sondern lediglich von den Gefühlen des Herzens zu wissen.

1.4 Veränderungen der Hauptfigur in Bezug auf ihre „Normalität" festhalten: Gibt es niederrangigere bzw. hochrangige Veränderungen und wie nimmt die Figur diese unterschiedlichen Veränderungen wahr?

Der Ausschnitt ist im Bezug auf seine Handlung insofern interessant, als hier die Hauptfigur von einer minimalen Störung ihrer normalen Lebenswirklichkeit hin zu einem maximalen Zusammenbruch dessen geführt wird, was sie bislang als „normal" begriffen hat. Der Höhepunkt der Handlung, nämlich das wörtliche „Begreifen" der „Wand", wird wirkungsvoll über schrittweise Einbrüche des „Unnormalen" in die eher unspektakuläre Existenz der Hauptfigur vorbereitet. So nimmt sie nach dem Aufwachen wahr, dass sie eigentlich von ihren Gastgebern wegen des Schlüssels in der Nacht hätte geweckt werden müssen (Z. 2 f.); ihre Verwunderung ist groß, als sie zur Kenntnis nimmt, dass beide wohl im Dorf übernachtet haben (Z. 9). Dieser ihrer ganzen Erfahrung mit den Rüttlingers zuwiderlaufende Umstand fordert sie nun zu Erklärungsversuchen heraus („Herzanfall"). Auf dem Weg zum Dorf ereignet sich ein weiterer unerklärlicher Zwischenfall: Luchs blutet aus nicht erkennbarer Ursache aus dem Maul und verhält sich furchtsam (Z. 23–27). Das Nicht-Erkennen einer logischen Ursache macht die Figur „[u]nwillig" (Z. 30). Der Handlungshöhepunkt, der Zusammenprall mit der „Wand" lässt sie zunächst „[v]erdutzt", bis sie ihre Furcht wahrnimmt: „Mein Herz hatte sich schon gefürchtet, ehe ich es wußte." Ab diesem signifikanten Augenblick erkennt die Figur, dass hier ein Ereignis vorliegt, dass mit der Kraft des Verstandes nicht zu begreifen ist („Ich dachte an eine Sinnestäuschung, aber ich wußte natürlich, daß es nichts Derartiges war" / „[M]eine Gedanken [...] wollten [...] sich um keinen Preis mit der unfaßbaren Erfahrung abgeben." (Z. 50–52)
Die Entdeckung der „Wand" und in der Folge der Umstand, dass die Ich-Figur keinerlei menschliches Leben auf der anderen Seite wahrnehmen kann, stellen den höchstrangigen Verstoß gegen das dar, was wir als „Normalität" bezeichnen. Während wir als Leser hier ein phantastisches Element, allenfalls eines aus dem Genre des Science-Fiction wahrnehmen, muss die Figur die „Wand" als Gegebenes hinnehmen. Während sie bis dahin versucht, alle Anormalitäten, etwa das Ausbleiben der Rüttlingers, rational zu begründen, lässt sie sich in keiner Weise zu Erklärungsversuchen für diese „unfaßbare [...] (Z. 52) Erfahrung" hinreißen.

2. Bearbeitung der Teilaufgabe b[1])

2.1 Markieren der Passagen im zweiten Textausschnitt (Material 2), die die Beziehung der Hauptfigur zu ihren Tieren bzw. zu dem fremden Mann illustrieren

Beziehung zu dem Mann: „Ein Mensch, ein fremder Mann" (Z. 5) „vor dem Fremden" (Z. 8), „Ich zielte und drückte ab" (Z. 12), „Ich beachtete ihn gar nicht" (Z. 14)
Beziehung zu Stier / Luchs: „etwas Schreckliches geschehen" (Z. 3 f.), „Ich pfiff ihn gellend zurück, und er gehorchte" (Z. 7), „Warum

konnte ich nicht schneller laufen?" (Z. 10), „[...] als ich neben Luchs niederkniete." (Z. 14)
Der zweite Ausschnitt des Romans, im Gegensatz zum ersten gegen Ende angesiedelt, erhellt das Leben der Protagonistin, das sie während zweieinhalb Jahren in der vollkommenen Abgeschiedenheit der Bergwelt jenseits der „Wand" geführt hat. Völlig auf sich allein gestellt, aber in der Gesellschaft ihrer Tiere, der Kuh Bella und ihres Stierkalbes und natürlich Luchs', gelang ihr das Überleben. Nun wird klar, dass es noch einen Überlebenden wie sie gegeben hat: einen Mann, der aus ungeklärter Ursache auf der Alm erscheint und ebenso unbegreiflicherweise das Stierkalb und den Hund tötet, bevor die Protagonistin ihn erschießt. Das Eindringen des Mannes und seine Identität bleiben so rätselhaft wie ehemals das Erscheinen der „Wand": Es sind Schicksalsschläge, die von der Hauptfigur erlitten, aber nicht begriffen werden können. Das einzige, aber bemerkenswerte Attribut, das dem Mann zugeschrieben wird, ist das der Fremdheit („ein fremder Mann", Z. 5, „vor dem Fremden", Z. 8). Aus diesem Abschnitt geht eine klare Werthierarchie hervor. Das Leben ihrer Tiere bedeutet der Hauptfigur unendlich viel mehr als die Möglichkeit menschlicher – und männlicher – Gesellschaft; die Aggressivität des Mannes, die, da sie hier nicht äußerlich motiviert ist, eine dem Mann an sich angeborene Eigenschaft zu sein scheint, rechtfertigt, dass er erschossen wird.

2.2 Wissen über die Geschlechterrollen vor 1968 aktivieren

In der Gesetzgebung der Bundesrepublik der fünfziger und sechziger Jahre ist die Frau dem Mann in allen wesentlichen Bereichen des wirtschaftlichen und sozialen Lebens unterstellt. Dies beruht vor allem auf der von Theologie, Medizin und Psychologie verbreiteten Einschätzung, dass dem Mann die Eigenschaften der geistigen und körperlichen Stärke, der Willenskraft, des aktiv Handelns zukommen, während die Frau als psychisch und körperlich schwach und reagierend bzw. erduldend statt agierend wahrgenommen wird. Ein von einem Mann (d. h. Vater oder Ehegatten) unabhängiges Leben, wie die Protagonistin es gerade dank der „Wand" führen kann, ist hier für eine Frau nicht vorgesehen; die wesentlichen Entscheidungen werden vom Mann getroffen. Das Eindringen des Mannes in den bislang allein von der Frau besetzten Raum hätte ohne Zweifel Konsequenzen: Es würde zu einem wie auch immer gearteten Zusammenleben kommen müssen. Dem aber erteilt der Text eine radikale Absage: Die Hauptfigur tötet den „fremden Mann". Es kann vermutet werden, dass hier „der Mann" – gerade weil es in der dargestellten Welt keinen anderen gibt – absolut gesetzt wird und dass auch „die Fremdheit" ein somit absolutes Merkmal des Männlichen ist: Der Hauptfigur sind Männer grundsätzlich „fremd" (auch zu Hugo Rüttlinger hat sie eine zwar freundliche, aber nur distanzierte Beziehung). Die fünfziger und sechziger Jahre kennen Männlichkeit und Weiblichkeit lediglich als ein hierarchisches Modell: Dieser Hierarchie – dem Primat des Männlichen vor dem Weiblichen – wird in dieser Textpassage eine kompromisslose Absage erteilt.

3. Bearbeitung der Teilaufgabe b[2])

3.1 Erstellen einer Skizze zu Varianten des Topos „Abtrennung des Protagonisten von der Zivilisation"

Mögliche Varianten dieses Topos wären etwa:

↓ Abtrennung der Figur von der Zivilisation ↓

geglücktes Leben in der Wildnis (Harmonie mit Natur/Paradieszustand) oder Transformation der Natur in bewirtschaftetes Land	Scheitern des Lebens in der Wildnis	
	↓	↓
	Möglichkeit der Rückkehr	Tod oder Wahnsinn
↓		
Verbleib in der Wildnis		
↓	↓	
Verzicht auf Rückkehr	Rückkehr in Zivilisation	

Aufgrund solcher Varianten lässt sich argumentieren, dass „Wildnis" im Gegensatz zur „Zivilisation" als vernichtend für den Menschen bzw. als Chance wahrgenommen werden kann. Der Mensch kann sich so verändern, dass er Teil der Wildnis wird, bzw. kann er die Natur so verändern, dass sie letztlich auch Zivilisation wird.
Literarische Texte können mit Lebensmodellen und Vorstellungen von Wirklichkeit in vielfältiger Weise experimentieren. Ein in der Literatur häufig angestelltes Experiment ist das der Isolation eines Menschen von seinem sozialen Umfeld, häufig in Verbindung mit seiner Versetzung aus der sogenannten „zivilisierten" Welt in eine „wilde" Natur. Dieses Motiv findet sich etwa in Daniel Defoes „Robinson Crusoe", wo der titelgebende Held sich nach einem Schiffbruch auf einer scheinbar unbewohnten tropischen Insel befindet und um sein Überleben kämpfen muss. Was aber macht nun den Reiz solcher „Isolationen" aus? Grundsätzlich lässt sich sagen, dass damit der Fokus des Textes eindeutig auf gerade den Raum gerichtet ist, der dem Leser als der fremde und gefährliche, aber gerade deshalb auch reizvolle gegenübertritt. Die Sehnsucht, der Zivilisation zu entkommen, und in einem entrückten Naturraum ein Leben fern von Konventionen, überkommenen Normen und Zwängen zu führen, prägt bereits die Schäferdichtung des Rokoko; sie ist dem „Werther" ebenso eingeschrieben wie seinen romantischen Nachfolgern, etwa Eichendorffs „Taugenichts". Die merkwürdige Fähigkeit der Haushoferschen Heldin, „die Wand" als etwas nun eben Gegebenes zu nehmen, mit dem man zurechtzukommen hat, ebenso wie ihre innige Beziehung ihren Tieren gegenüber und die Absage an ein zwischenmenschliches Zusammenleben lassen diesen Wunsch der Romantik nach Einsamkeit, womöglich sogar ihren Zivilisationspessimismus, noch durchscheinen.
Die Isolation eines Individuums aber kann auch Experimentcharakter haben: Gelingt es dem Einzelnen, ökonomisch, emotional, biologisch ohne die Gemeinschaft zu leben? Gerade im

vollkommenen Alleinsein offenbart sich zudem auch die Chance zur Selbstfindung, zur Besinnung auf das Eigentliche, das je nachdem einen philosophischen oder religiösen Kern haben kann (Bsp. Kyniker, Eremiten).

3.2 Genaueres Eingehen auf „Robinson Crusoe" bei mangelnder Textvorkenntnis und Bezugnahme auf den geistesgeschichtlichen Hintergrund (Aufklärung)

Defoes Roman zeigt einen Helden, dem es gelingt, kraft seiner Fähigkeiten, d. h. insbesondere seines Verstandes, die „Natur", d. h. die Wildnis und ihren Vertreter Freitag, zu zivilisieren. Der Roman beruht auf dem aufklärerischen Glauben an das Gute im Menschen (dem Haushofer in der Gestalt des fremden Mannes eine radikale Absage erteilt) sowie in der Schöpfung und die Notwendigkeit, „Natur" in (christliche) „Kultur" zu transformieren. Während in Defoes Roman Robinson letztlich den Naturraum zivilisiert, aber mit allen Mitteln wieder in den eigentlichen Zivilisationsraum zurückzukehren wünscht, beugt sich die Erzählerin der „Wand" der Natur und kultiviert sie lediglich dort, wo sie ihr Überleben sichern muss. Während Robinson sich heftig nach Gesellschaft sehnt und in Freitag einen willkommenen Gefährten sieht, lehnt Haushofers Heldin menschliche Gesellschaft ab und bescheidet sich freiwillig mit ihren Tieren, in denen sie die besseren Gefährten erkennt. Nach dem Glauben der Aufklärung ist allein Gottvertrauen und ein gesunder Menschenverstand der Schlüssel zum irdischen Glück; die Protagonistin der „Wand" verzichtet aber auf eine übergeordnete religiöse Macht und erlebt u. a. im Verlust ihrer Tiere, wie wenig Möglichkeiten dem Menschen gegeben sind, mit einer erbarmungslosen Wirklichkeit umzugehen.

4. Schreiben der Interpretationsaufsätze

4.1 Beispiel einer Gliederung (Variante b^1 bzw. b^2):

1. Zu Marlen Haushofers Roman „Die Wand"
2. Neues Leben oder aufgeschobener Tod? Versuch einer Interpretation
2.1. Zur dargestellten Welt im Text
2.1.1 Die Figuren: Übriggebliebene und Verloren Gegangene
2.1.2 Die Raumstruktur: Wildnis vs. Zivilisation
2.1.3 Die Zeitstruktur: Aufbruch in ein „neues Leben"?
2.1.4 Der Aufbau der Handlung: die „Wand" als Ereignis
2.2 Zur Vermittlung des Unfassbaren
2.2.1 Ich-Erzählerin, Ich-Figur und der Blick auf das Unfassbare
2.2.2 Der Bericht als Erzählweise der Distanzierung
2.2.3 Die Schlichtheit der Sprache
2.3 Das Versagen der Rationalität: zum Umgang der Protagonistin mit dem A-Normalen
2.4. [b^1] Mann / Frau: Die Verkehrung der Rollen
2.4.1 Die Tiere als Gefährten
2.4.2 „Der fremde Mann": die radikale Ablehnung menschlichen Kontaktes
2.4.3 Haushofers Protagonistin im Kontext des zeitgenössischen Frauenbildes
2.4. [b^2] Allein in der Natur: Variationen eines Topos
2.4.1 Defoes „Robinson Crusoe" als Vorläufer von Haushofers „Wand": Gemeinsamkeiten und Unterschiede
2.4.2 Aufklärerischer Optimismus – Flucht aus der Enge der 50er Jahre
3. Zusammenfassung der Ergebnisse

4.2 Musterbeispiel einer Einleitung:

Die Lebensdaten der österreichischen Schriftstellerin Marlen Haushofer, die 1920 geboren wurde und 1970 starb, umfassen die Zeit des Dritten Reiches wie auch die Nachkriegszeit und die Zeit des Kalten Krieges. Ihr Roman „Die Wand" wurde 1963 erstmals publiziert. Er erzählt davon, wie eine Frau in ihrer Lebensmitte bei einem Ausflug in die Berge durch eine geheimnisvolle „Wand" von ihren Reisegefährten abgetrennt wird und von da an ohne menschlichen Kontakt, mit einem Hund und einer Kuh als Gefährten, in den Bergen für ihr Überleben sorgen muss. Der vorliegende Ausschnitt behandelt die erstmalige Begegnung der Erzählerin mit jener „Wand".

4.3 Musterbeispiel einer Inhaltsangabe:

Am Morgen nach der Ankunft in den Bergen erwacht die Erzählerin, eine verwitwete und familiär ungebundene Frau mittleren Alters, in der Jagdhütte des ihr befreundeten Ehepaares Hugo und Luise Rüttlinger. Am Tag zuvor haben diese noch einen Spaziergang zum nächstliegenden Dorf unternommen, um dort einzukehren, und die Erzählerin stellt mit Verwunderung fest, dass sie offensichtlich nicht zurückgekommen sind. Um sich über ihren Verbleib Klarheit zu verschaffen, macht sie sich mit dem Hund Luchs auf den Weg ins Dorf. Am Ende einer Schlucht sieht sie, dass der vorausgelaufene Hund sich verletzt hat, kann aber die Ursache nicht erkennen, bis sie selbst an ein unsichtbares Hindernis stößt, das ihr das Weiterkommen unmöglich macht. Nach anfänglicher Konsterniertheit untersucht sie das Hindernis und erkennt, dass es, einer Wand ähnlich, den Austritt aus der Schlucht völlig versperrt, der Bach aber unterirdisch wohl auf die andere Seite gelangt. Unerklärlich freilich ist der Erzählerin, warum auf der anderen Seite der „Wand" keine Menschen zu sehen sind.

4.4 Ausführen weiterer Gliederungspunkte:

individuelle Lösungen

4.5 Lösungshinweise zur Abfassung des Schlusses:

Ihren Aufsatz beschließen Sie, indem Sie noch einmal Ihre Analyseergebnisse in knapper Form zusammenfassen. Zentral sind dabei die Kernthemen, die Sie dem Text entnommen haben. Im Bezug auf die hier formulierte Mustergliederung sind das die Komplexe „Wildnis" vs. „Zivilisation", das Ereignis der „Wand" als Einbruch des A-Normalen, für b^1) dann das Verhältnis der Geschlechter bzw. für b^2) die Tradition der „Isolationsgeschichten" und die Rolle, die Haushofers Roman darin einnimmt.

5. Überarbeiten von Interpretationsbeispielen

Interpretationsbeispiel 1 (Befund zur Sprache und deren Funktion im Text):

Der Text ist in sehr einfacher Sprache geschrieben, es gibt eigentlich keine rhetorischen Mittel. Das lässt sich dadurch erklären das die Erzählerin eine einfache Frau ist, die sich nicht besonders gewählt ausdrückt.

Logischer Fehler: Es gibt im Text keinerlei Hinweise, dass die Erzählerin einfacher sozialer Herkunft ist; ihre Bekanntschaft mit den Rüttlingers, Besitzer einer Jagdhütte, beweist vielmehr das Gegenteil. Die schlichte, aber klare Sprache verweist vielmehr auf das Bemühen, exakt die Handlung zu schildern.

Interpretationsbeispiel 2 (Inhaltsangabe):

Die Erzählerin fährt mit Freunden in die Berge zu einer Jagdhütte, die ihnen gehört. Die Freunde, d. h. das Ehepaar, gehen am Abend ins Dorfwirtshaus. Die Erzählerin bleibt daheim. Auch der Hund ist bei ihr. Als in der Früh das Ehepaar noch nicht zurück ist, wundert sich die Erzählerin und macht sich auf die Suche, wobei der Hund sie begleitet, der aber dann blutend und winselnd sich ihr nähert, was sie aber zuerst nicht versteht, bis sie selbst an die Wand anstößt, die sie als etwas Glattes und Kühles beschreibt und die sie dann entlanggeht, bis sie nicht mehr weiterkommt, obwohl sie sieht, dass der Bach auf der anderen Seite weiterfließt.

Sie überlegt dann auch, warum auf der anderen Seite der Wand keine Menschen sind.

Fehler: Für den Leser erschließen sich in dieser Inhaltsangabe nicht die logischen Zusammenhänge der Handlung. Der erste Teil ist stilistisch zu abgehackt, der zweite verliert sich in einem Schachtelsatz.

Verbesserungsvorschlag:

Eine Ich-Figur, Witwe und Mutter zweier bereits unabhängiger Töchter, fährt mit einem befreundeten Ehepaar zu deren Jagdhütte in den Bergen. Als am nächsten Morgen das Ehepaar noch nicht von einem am Abend unternommenen Ausflug ins Dorf zurückgekehrt ist, wundert sich die Erzählerin und macht sich zusammen mit dem Jagdhund des Ehepaares auf den Weg ins Dorf. Hinter einer Wegbiegung stoßen zunächst der Hund und dann auch die Protagonistin an ein unsichtbares Hindernis, das sich wie eine gläserne Wand vor ihnen erhebt und sie vollkommen von der Außenwelt abtrennt. Als sie über dieses unerklärliche Hindernis nachdenkt, ist die Heldin zudem irritiert, dass sich keine Menschen auf der anderen Seite der Wand eingefunden haben.

Interpretationsbeispiel 3 (korrektes Zitieren):

Hier gibt es eine Ich-Erzählsituation. Das kann man daran erkennen, dass hier ein Ich spricht. Als Leser nehmen wir die Perspektive dieses Ich, d. h. der Erzählerin ein. Wir sehen mit ihren Augen und denken das gleiche wie sie, z. B. als sie sagt, dass sie sicher war, im Schlafzimmer keinen Menschen zu finden, das Fenster war ja vergittert und selbst durch ein unvergittertes Fenster hätte Hugo sich nicht durchzwängen können.

Zitierfehler: die Belegstelle muss korrekt als Zitat kenntlich gemacht und richtig in den Satz eingefügt werden (hier als indirekte Rede umgeformt).

[...] z. B. als sie sagt, sie sei sicher gewesen, „dort keinen Menschen zu finden, das Fenster [sei] ja vergittert [gewesen] und selbst durch ein unvergittertes Fenster hätte Hugo sich nicht durchzwängen können." (Z. 6 f.)

Interpretationsbeispiel 4 (Bezug des Textes zur historischen Wirklichkeit):

Der Abschnitt zeigt, wie die normale Welt der Erzählerin sich plötzlich verändert. Erst merkt sie, dass das befreundete Ehepaar nicht nach Hause gekommen ist, dann fragt sie sich, was ihnen passiert sein könnte, und dann macht sie sich auf die Suche, bis sie auf die Wand stößt. Hier wird deutlich, dass ein Bezug zum kalten Krieg aufgebaut wird, denn es ist eine Veränderung wie nach einem Atomkrieg, wo eine einzelne Person durch Zufall überlebt, aber alle anderen schon tot sind. Marlen Haushofer will hier auf die Gefahren eines atomaren Angriffs aufmerksam machen.

Vorsicht vor Schlüssen auf den Willen des Autors: Zwar lenkt der historische Kontext des Kalten Krieges den Verdacht des Lesers auf einen Atomschlag, zwar wird (an ganz anderer Stelle im Roman) von der Figur die Vermutung aufgestellt, die „Wand" könne aufgrund einer atomaren Auseinandersetzung entstanden sein, jedoch ist es sicherlich nicht die Absicht der Autorin, mit dem Roman vor der atomaren Bedrohung zu warnen. Wie die Wand entstanden ist, ist der Ich-Figur letztlich gleichgültig; sie nimmt sie hin und reduziert ihr Leben auf das Überleben in der Natur.

Lösungshinweise zu *Verfassen einer materialgestützten Erörterung*

mit Bausteinen einer Musterlösung

1.1 Überprüfen der Qualität der vorgegebenen Materialien

Alle drei Materialien sind einem Heft des **Bayerischen Philologenverbands** entnommen. Es handelt sich hierbei um eine Vertretung der bayerischen Lehrer und Lehrerinnen, v. a. der Gymnasiallehrkräfte. Aus dieser Feststellung ergibt sich zwangsläufig, dass die Artikel eher die Position der Lehrer und Lehrerinnen darstellen (vgl. z. B. „unserem Berufsstand" Z. 9 f. Stiftung Lehrertest).
Eine Ausnahme stellt das abgedruckte **Bundesgerichtshofurteil** dar: Es ist zwar im Philologenheft erschienen, ist jedoch das formulierte Abschlussurteil eines Prozesses und informiert somit sachlich objektiv über das Urteil, das die Richter auf der Grundlage der herrschenden Gesetze gefällt haben. Deshalb eignet es sich besonders gut, um Argumente überzeugend zu belegen (vgl. Aufgaben 4.2).

Hinweis: Eine Überprüfung der Quellen anhand des Autors ist meist nicht möglich, da Sie nur sehr bekannte Journalisten zuordnen können, z. B. zum seriösen bzw. Boulevardjournalismus.

1.2 Bestimmung der Textsorte und ihrer Merkmale

Material 1: BGH-Urteil: offizielles Bundesgerichtshofurteil im Wortlaut

Merkmale:

- u. a. **objektiv** an der aktuellen Gesetzeslage orientiert
- **juristisches Fachvokabular** bzw. **-jargon**
  (z.B. „Der u. a. für den Schutz des Persönlichkeitsrechts und Ansprüche aus dem Bundesdatenschutzgesetz zuständige VI. Zivilsenat des Bundesgerichtshofs hat die dagegen von der Klägerin eingelegte Revision zurückgewiesen." Z. 19 ff.)

Intention: rein sachlich und objektiv informierend

Material 2: Stiftung Lehrertest: Glosse

Merkmale:

- u. a. **Doppelbödigkeit** (z. B. „Für die kostenlos gelieferten Artikel gibt es dann wie im Versandhandel ein Rückgaberecht: Von der Quelle der Erkenntnis geht der Trend zum gleichnamigen Kataloganbieter. Doch wo Bildung als Ware gesehen wird, gründet sich halt auch eine Stiftung Warentest..." Z. 64 ff.)
- **verschiedene Stilebenen** (z. B. „Im krassen Widerspruch zur ‚coolen' Anmutung reanimiert dieser ‚benote deinen Lehrer-Mumpitz eine uralte Kamelle aus der Mottenkiste" Z. 56 ff. versus „Nun dürfen sich die Eigentümer dieser Plattform ungeniert als edle Streiter für die Meinungsfreiheit gerieren, wo sie in Wahrheit die Gewerbefreiheit bewegt" Z. 22 ff.)
- **Stilmittel** z. B. **neologistische Komposita**: „Plattitüden-Foren" (Z. 33), „Lehrer-DSDS-Bohlen" (Z. 55), „benote deine Lehrer-Mumpitz" (Z. 56 f.)
  Ironie: „im Nu, mit zehn Mausklicks, so einfach" (Z. 53 f.)
  bissige Kommentierung des Themas *Lehrerbewertung* im Internet: z. B. „Mit zehn Mausklicks und in zwei Minuten hat man das Ergebnis eines Studiums und jahrelanger Berufstätigkeit im Nu erledigt: So einfach gestaltet sich das Lehrer – DSDS – Bohlen statt Pestalozzi!" Z. 53 ff.)

Intention: ironischer Meinungstext

Material 3: „Wenn das nicht besser wird, gibt's eine 5 ...": Karikatur

Merkmale: prägnant in künstlerischer Form auf den Punkt gebrachte Kritik an der Lehrerbewertung bei www.spickmich.de im Gegensatz zur „objektiven" Bewertung der Schülerleistungen durch den Lehrer über einen längeren Zeitraum (vgl. Zeugnis)

Intention: künstlerisch dargestellte Kritik, vergleichbar mit der Textsorte *Glosse*

2.2 Exzerpieren der Argumente in eigenen Worten

Material 1: BGH-Urteil

1. Absatz (Z. 1–18):

- Erklärung der Funktionsweise der Internetplattform www.spickmich.de
- Klage der Lehrerin: Löschung bzw. Unterlassung der Veröffentlichung personenbezogener Informationen
- Scheitern der Klage in den Vorinstanzen

2. Absatz (Z. 19–21):

- Urteil des BGHs: Abweisung der Revision der Klägerin

3. Absatz (Z. 22–41):

- keine Relevanz des vorgebrachten Einwandes der fehlenden Einwilligung der Klägerin für die Veröffentlichung der personenbezogenen Daten im Internet
- Abwägung zwischen informationeller Selbstbestimmung und dem Recht auf freien Meinungsaustausch zu Gunsten letzteren
- ausschlaggebender Bezug zur beruflichen Tätigkeit versus Schutz der Privatsphäre
- keine beleidigenden Äußerungen auf www.spickmich.de
- keine rechtliche Relevanz der Anonymität der abgegebenen Bewertungen
- Meinungsfreiheit: freie Wählbarkeit des Ortes bzw. des Mediums der Verbreitung

4. Absatz (Z. 42–48):

- Zulässigkeit der Veröffentlichung der personenbezogenen Daten

- Gründe für die Zulässigkeit:
  - geringer Eingriff in die Privatsphäre der Betroffenen
  - Zugangsbeschränkung für Internetseite

Material 2: Stiftung Lehrertest

1. Absatz (Z. 1–7): Einleitung
2. Absatz (Z. 8–18):
- positives Gerichtsurteil für die Internetplattform www.spickmich.de:
  → Bestätigung der Legalität der digitalen Lehrerbewertung im Internet
  → Berufung auf Meinungsfreiheit

3. Absatz (Z. 19–32):
- Fragwürdigkeit dieser Form von Bewertung im Internet:
  → fachliche/sachliche Qualität? differenziertes Urteil? Sinn/Gewinn solcher Bewertungen?
- Kommerzielle Interessen im Vordergrund bei www.spickmich.de:
  → Fragwürdigkeit des Einsetzens für freie Meinungsäußerung

4. Absatz (Z. 33–47):
- Intention dieser Internetplattformen:
  → Kommunikationsförderung, Kontaktbörse, Interessenclubs
- Hinterfragen dieser Intention z. B. durch Eltern und Lehrer:
  → einziges objektives Angebot von www.spickmich.de: digitale Lehrerbewertung
- Gefahr der Verletzung der Persönlichkeitsrechte der teilnehmenden SchülerInnen
- Sicherung der Objektivität der Bewertung durch Internetplattform:
  → automatisches Herausfiltern von „Frust- und Spaßbewertungen“

5. Absatz: (vgl. Musterbeispiel Seite 45 im Trainingsheft)
6. Absatz (Z. 56–67):
- Unterricht als kommunikatives Miteinander von Lehrern und Schülern
  → alleinige Verantwortung für gelingenden Unterricht nicht beim Lehrer
- gesellschaftliche Fehlsicht: Schule als Dienstleister, Bildung als Ware
  → Recht auf schulischen Abschluss? z. B. Abitur

7. und 8. Absatz (Z. 68–77): Schluss

2.3 individuelle Lösungen, da abhängig von Ihrer Position zur Problemstellung

2.4 Ergänzung der Argumente mit eigenem Hintergrundwissen

Genannt werden könnten vorhandene Evaluationsmöglichkeiten im Schulalltag, z. B. Lösung von Konflikten über direkte persönliche Gespräche mit der entsprechenden Lehrkraft, z. B. Klassensprecher, Vertrauenslehrer.
Die genannten Punkte können für verschiedene Positionen (Eltern, Schüler, Lehrer) herangezogen werden, je nachdem, mit welcher Intention argumentiert wird.

3.1 Beurteilung der Schülerbeispiele

Beispiel I: Themenfrage nicht korrekt wiedergegeben (Diskussion der digitalen Lehrerbewertung), zu wenige Argumente, Formulierungsschwächen (z. B. B.II.1. müsste lauten: freier Internetzugang und Legalität der Kommunikation), zu ungenau und zu wenig aussagekräftig (z. B. B. I. Öffentliche Meinungsäußerung über Mitmenschen), fehlende Unterscheidung zwischen Schluss und Synthese (vgl. C)

FAZIT: viele Formulierungsschwächen, zu wenige Argumente, Beispiel für Variante 2 (Anordnung nach Argumenten) mit zu unklarer Struktur. Es sollte entweder nach Wichtigkeit geordnet werden, d. h. steigernd mit dem wichtigsten Argument am Schluss, oder nach dem „Sanduhr-Prinzip“, wenn nach Pro und Kontra getrennt wird.

Beispiel II: fehlende Unterscheidung zwischen Schluss und Synthese (vgl. 3.), wiederholende Formulierungen („Argumente der...“), kleinere Formulierungsschwächen (z. B. 1. Argument „Ungerechtigkeit eines Lehrers ...“), Themenfrage nicht korrekt wiedergegeben (vgl. 2. „Diskussion der digitalen Lehrerbewertung am Beispiel von www.spickmich.de“)

FAZIT: besser gelungen als Beispiel I, Variante 1 (getrennte Anordnung von Lehrer- und Schülerargumenten) mit zu unklarer Struktur

Beispiel III: Themenfrage gut formuliert (vgl. B), klare Trennung von Synthese und Schluss, „Sanduhr-Prinzip“ nicht erkennbar, kleinere Formulierungsschwächen (z. B. B. I. 1. müsste lauten: Informationsmöglichkeit für Lehrer über Bewertung der eigenen Persönlichkeit bzw. des eigenen Unterrichts)

FAZIT: bestes Schülerbeispiel, fehlendes „Sanduhr-Prinzip“

3.2 Beispiele für Mustergliederungen

➔ **Variante 1:** nach Schüler- und Lehrer-Positionen getrennt
1 Probleme und Gefahren des Internets
2 Diskussion verschiedener Positionen zur digitalen Lehrerbewertung
 2.1 aktueller Ist-Stand (Urteil des BGH vom 27. 06. 2009)
 2.2 Sicht der Internet-Plattform www.spickmich.de
  2.2.1 kommerzielle Interessen
  2.2.2 anonyme Stimmenabgabe
  2.2.3 passwort-geschützter und nicht-öffentlicher Zugang
  2.2.4 Internet-Plattform zur Förderung der Kommunikation
 2.3 Position der betroffenen Lehrer
  2.3.1 Verletzen der Persönlichkeitsrechte
  2.3.2 Bemängelung rein subjektiver Bewertung
  2.3.3 Unterricht als Interaktionsprozess
 2.4 Position der Schüler
  2.4.1 Recht auf freie Meinungsäußerung
  2.4.2 Austausch über Lehrkraft
  2.4.3 fehlende Evaluationsmöglichkeiten im schulischen Alltag

3 Synthese: Abwägen der verschiedenen Positionen
  3.1 fachlich kompetente, differenzierte Bewertung
  3.2 wünschenswerter direkter Austausch zwischen Schülern und Lehrern
  3.3 gemeinsames Ringen um gelungenen Unterricht
  3.4 Schaffen von institutionalisierten Evaluationsmöglichkeiten
  3.5 eigene Meinung zur Internet-Plattform www.spickmich.de
4 Ausblick in die Zukunft: mögliche Folgen des digitalen Zeitalters

→ **Variante 2:** nach Argumenten getrennt
1 Probleme und Gefahren des Internets
2 Diskussion verschiedener Positionen zur dig. Lehrerbewertung
  2.1 aktueller Ist-Stand (Urteil des BGH vom 27.06.2009)
  2.2 Recht auf freie Meinungsäußerung
    2.2.1 Position der Schüler
    2.2.2 Verletzen der Persönlichkeitsrechte der Lehrkraft
    2.2.3 Förderung der Kommunikation durch die Internet-Plattform
  2.3 anonyme digitale Bewertung von Lehrkräften
    2.3.1 unsachliche, rein subjektive Schülermeinungen
    2.3.2 fehlende Evaluationsmöglichkeiten im Schulalltag
    2.3.3 passwort-geschützter und nicht-öffentlicher Zugang zu www.spickmich.de
  2.4 Unterricht als Interaktionsprozess
    2.4.1 Angst vor schlechter Bewertung durch die Lehrkraft
    2.4.2 Beitrag der SchülerInnen zu einem guten Unterricht
    2.4.3 Herbeiführen einer Konfliktlösung nur durch direkte Konfrontation
  2.5 Synthese mit eigener Meinung
3 Ausblick in die Zukunft: mögliche Folgen des digitalen Zeitalters

4.1 Formulieren einer Einleitung

Mögliche Einleitungsideen sind:
- Hinweis auf die Aktualität des Themas: Internet als Kommunikationsmittel oder Probleme und Gefahren des Internets
- Zurückgreifen auf eigene Erfahrungen zum Thema: Fallbeispiel „Lehrerungerechtigkeit" oder persönliche Erfahrungen mit Internet-Plattformen

Musterbeispiel *Einleitung*: Probleme und Gefahren des Internets
Immer wieder tauchen neue Probleme und Gefahren des Internets auf. Mal zeigen sich Lücken im Sicherheitsnetz von Banken, sodass Online-Bankdaten der Kunden von Kriminellen ausgespäht werden können. Dann wieder geht es um unvorsichtige Jugendliche, die ihre Daten im Internet zu leicht preisgeben und so zum Missbrauch einladen. Seit einiger Zeit erstellen manche SchülerInnen detaillierte Profilseiten bei Studi-VZ oder Facebook, auf denen sie auch eigene Fotos hochladen, die vielleicht nicht jeder Personalchef vor dem Bewerbungsgespräch gesehen haben sollte. Der jüngste Fall ist eine Lehrerin, die gegen ihre Bewertung unter www.spickmich.de durch verschiedene Instanzen bis zum Bundesgerichtshof geklagt hat. Daraus ergibt sich eine grundlegende Diskussion zur digitalen Lehrerbewertung im Internet, die im Folgenden differenziert geführt werden soll.

4.2.1 Markieren der Argumentationsschritte und Beurteilung

Schülerbeispiel I:
Als **wichtigstes Argument gegen** digitale Lehrerbewertung im Internet wäre wohl die unsachliche, unbegründete und subjektive Meinungsäußerung der Schüler zu nennen. Da diese Bewertungen oft unüberlegt und nur *punktuell gültig* getroffen werden, und dann nicht mehr abgeändert werden können, führen diese folglich zu einem verfälschten Ergebnis. Außerdem kann man für seine Bewertung keine Begründungen abgeben, woraus folgt, dass das Ergebnis für andere Nutzer und vor allem für die betroffenen Lehrer nicht nachvollziehbar ist.

Bewertung / Beurteilung:
Überleitung mit Angabe der Gewichtung des Arguments
Argument

Formulierung: *spontan*
Begründung I/Folge

Begründung II
Realistisch?: Welcher Lehrer schaut sich seine Bewertung unter www.spickmich.de an?

Das Argument an sich ist überzeugend, aber die Ausführung ist nicht detailliert und anschaulich genug. Es müsste hier z.B. das „verfälschte Ergebnis" noch näher erläutert werden und es fehlen grundsätzlich **Belege und Beispiele**, die die Argumentation unterstützen und absichern.

Schülerbeispiel II:	Bewertung / Beurteilung:
Auch die Position der **Eltern** ist nicht zu vernachlässigen. Schon bei der Anmeldung auf www.spickmich.de müssen die Jugendlichen	einfache, etwas hölzerne **Überleitung**
viele persönliche Daten angeben, deren Sicherheit aufgrund der	**Beispiel / Beleg**
Sicherheitslücken im Internet nicht hundertprozentig gewährleistet ist.	**Argument**
In Zeiten der Datenpannen kann die Angabe von Telefonnummer, Adresse und Ähnlichem auch oder gerade Eltern beunruhigen. Immer wieder können *Datenskandale* verschiedener Art festgestellt werden und was einmal im Internet ist, bleibt dort auch.	**Begründung** Fehlen eines aktuellen, konkreten Beispiels
So kann beispielsweise auch ein späterer Arbeitgeber problemlos auf die „Jugendsünden" zurückgreifen, und dass man als Kind in unsachlicher Weise seine Lehrer kritisiert hat, kann einem noch Jahre später zum Verhängnis werden.	Abschweifen vom Thema
Die Naivität, mit der Kinder und Jugendliche ihre Daten preisgeben, kennt leider keine Grenzen. Und dass dies **Eltern** beunruhigt, ist nur zu verständlich.	**Abrundung:** Wiederaufgreifen des Argumentes

Dieses Bespiel zeigt, wie groß die Gefahr ist, vom Thema abzuweichen, denn die Datensicherheit ist nicht das Hauptproblem bei www.spickmich.de. Es wird deutlich, wie schnell man sich vom eigentlichen Erörterungsauftrag entfernt und **allgemein über Gefahren des Internets** diskutiert, was jedoch an der Aufgabenstellung vorbeigeht.

Positiv: Die **Abrundung eines Argumentationsschritts** fördert den Textfluss und der Schüler weist dadurch seine Formulierungsfähigkeit nach. Zur Abrundung greift man meist die These bzw. das Argument nochmals auf und schließt damit diesen Teil der Argumentation ab.

Nicht so gelungen: Die **Überleitung** zum nächsten Aspekt. Es gibt hierfür verschiedene Möglichkeiten, z. B. *Als nächstes/zweites/wichtigstes Argument...; Nachdem nun die Position der Eltern dargelegt wurde, wird im Folgenden die Seite der Schüler näher betrachtet.* Neben diesen einfachen, standardmäßigen Überleitungen sind eigene, themen- bzw. argumentationsbezogene Überleitungen qualitativ höher einzuschätzen. Ein Beispiel könnte wie folgt aussehen: *Deshalb trägt aus Schülersicht die Internet-Plattform zur Kommunikation bei (Abrundung), aber aus Sicht der betroffenen Lehrer (Überleitung) werden durch diese digitalen Schüleräußerungen Persönlichkeitsrechte verletzt.*

4.3 Formulieren einer Synthese

Musterbeispiel *Synthese mit eigener Meinung*:
Nachdem nun die unterschiedlichen Positionen zur digitalen Lehrerbewertung erörtert wurden, kann ein abschließendes Urteil gebildet werden. Ist www.spickmich.de aus Schülersicht wirklich unverzichtbar? Die Argumente der freien Meinungsäußerung und der fehlenden Evaluationsmöglichkeiten im schulischen Alltag zeigen doch nur eines: Die Schüler suchen nach Möglichkeiten, um ihrer Kritik an der Lehrkraft und deren Unterricht Ausdruck zu verleihen. Für beide Seiten, Schüler wie Lehrer, ist die Schaffung dieses Raumes, in dem konstruktive Kritik von beiden Seiten geäußert werden kann, ein Anliegen. Viele Lehrer geben den Schülern bereits regelmäßig die Möglichkeit, z. B. zum Halbjahreswechsel, über mögliche Unstimmigkeiten und Verbesserungsmöglichkeiten des Unterrichts zu diskutieren. Auch die SMV macht sich schon an vielen Schulen für diese Evaluation des Unterrichts stark, indem sie z. B. standardisierte Fragebögen entwickelt, die von den Schülern anonym ausgefüllt werden und dann als Grundlage für das Gespräch dienen können. Letztendlich sitzen Schüler und Lehrer in einem Boot, denn Unterricht beruht nun mal auf einem Interaktionsprozess. Ob die unqualifizierten, undifferenzierten und wenig aussagekräftigen Lehrerbewertungen unter www.spickmich.de hierzu eine Hilfe sind, bleibt fragwürdig.

4.4 Formulieren eines Schlusses

Musterbeispiel *Schluss:* Ausblick in die Zukunft: mögliche Folgen des digitalen Zeitalters
Abschließend kann man feststellen: Die Wogen haben sich nach dem abschließenden BGH-Urteil wieder geglättet und die digitale Lehrerbewertung ist aus dem Fokus der Öffentlichkeit verschwunden. Genauso wird es www.spickmich.de ergehen; die eine Mode kommt, die andere geht. Irgendeinem schlauen Kopf wird eine neue Möglichkeit einfallen, angestauten Frust auf Lehrer loszuwerden. Jeder hat schon einmal einen Lehrer „zum Teufel" gewünscht, aber es gibt an jeder Schule Lehrer und Lehrerinnen, die ihre Schüler begeistern und die Schüler auch in die Unterrichtsgestaltung miteinbeziehen. Gelungene Kommunikation zwischen Schülern und Lehrern macht Internet-Plattformen wie www.spickmich.de überflüssig.

Lösungshinweise zu *Verfassen eines Kommentars/einer Glosse in Verbindung mit einer Sachtextanalyse*

mit Bausteinen zu Musterlösungen

Bearbeitung der Teilaufgabe a)

1 Vorbereiten der Sachtextanalyse und Erstellen einer Grobgliederung

ohne Aufgabe

2 Formulieren der Einleitung zur Sachtextanalyse

Musterbeispiel

Einleitung: „Medienhype" um Krisen

Wenn man in die verschiedensten Medien schaut, kann einen schon die Panik befallen angesichts der vielfältigen Bedrohungen, die uns dort oft drastisch vor Augen geführt werden. Sei es in der Tagesschau, in der eigentlich täglich Meldungen von Überschwemmungen, Anschlägen, Unfällen und Tod auftauchen. Oder seien es verschiedene Zeitschriftenverlage, die mit der Angst der Bevölkerung versuchen, ihre Auflage zu steigern, z. B. mit einem Titelthema zur Bedrohung der Menschheit durch Klimakatastrophen pünktlich zum Klimaschutzgipfel im Dezember 2009. Es gibt aber auch Zeitungen, die sich differenziert und kritisch mit dieser Angst auseinandersetzten. So z. B. die Autoren Harro Albrecht und Ulrich Schnabel, die in ihrem Artikel „Gefahren überall" vom 26.11.2009 aus der ZEIT zu dem Schluss kommen, dass wir damit leben müssen, dass das Leben Risiken birgt, gegen die wir uns nicht endgültig absichern können. Im Folgenden soll dieser Zeitungsartikel nach Inhalt, Aufbau und Sprache erschlossen und interpretiert werden.

3 Erfassen des Inhalts und der Argumentationsstruktur des Textes

Den Inhalt und die **Argumentationsstruktur** (in der Übersicht **fett** markiert) des Textes „Gefahren überall" könnte man wie folgt in einem Schaubild darstellen:

Einleitung (Z. 1–5):
Aufzählung von aktuellen Gefahren
„Apokalypse"

↓

„gefühlte Bedrohung" (Z. 6)
→ Ratsuche bei Experten

↓

Thesen der Autoren:
- Untersuchung der Mechanismen der Verunsicherung (Z. 13–15)
- Überforderung der Bürger (Z. 16–22)
- bleibende Ungewissheit (Z. 23–28)
- mediale Scheingewissheiten (Z. 29–35)

→ „Erregungsspirale" (Z. 35)

↓

Folgen:
- Angriff auf „psychisches Immunsystem" (Z. 37ff.)
  (Emanzipation von „leichten" Antworten durch Religion und Wissenschaft)
- Sehnsucht nach einfachen Antworten (Z. 49ff.)
  z. B. Flucht in Esoterik, Verschwörungstheorien

↓

Schlussfolgerungen:
- Aufbau von Vertrauen durch Glaubwürdigkeit (Z. 53–56)
- Ergebnisse der Risikoforschung: Subjektivität der Bedrohung
  z. B. Gefahren des Extremsports im Gegensatz zu Pestiziden in Lebensmitteln
- Anerkennen der „gefühlten Bedrohung" (Z. 65ff.)
- Akzeptanz der bleibenden Ungewissheit (Z. 68–78)
  (Bezug zur Unterüberschrift)

↓

FAZIT:
Erkennen der Chance in der Krise (Z. 75ff.):
Stärkung der geistigen Abwehrkräfte durch Meistern der Krisen

4 Analysieren der Sprache mit Textsortenbestimmung

4.1 Markieren von Auffälligkeiten in Wortwahl, Syntax und Stilmitteln

Wortwahl:
Wortfeld „Religion" (vgl. Z. 40ff.), z. B. Pfarrer, Kanzel, predigte, Glauben; **Wortfeld** „Gesundheit / Krankheit", v. a. erster (Z. 1–5) und letzter Absatz (Z. 75–78): Immunsystem, Schweinegrippe, Impfung (vgl. Z. 1–5) und Schweinegrippe, immunstärkenden Effekt, Virus (vgl. Z. 75–78), **Neologismus**: „Nachrichtengeprassel" (Z. 3), **Umgangssprache**: „Sau durchs Dorf jagen" (Z. 16), „hochgejazzt" (Z. 34)

Syntax:
Beispiele in **Klammern / Parenthesen** (vgl. Z. 58–62), **Zitate** (vgl. Z. 16–22), **Ellipse** („Die Folge?" Z. 20f.), **Fragesätze** (z. B. Z. 6f., 20f., 29ff., 38ff.)

Stilmittel:
„Virus-Metapher" (vgl. Hilfestellung S. 58 im Trainingsheft), **Metaphern** („Flut von Gefahren" Z. 1ff., „als Versuchskaninchen missbraucht" (Z. 52), **Hyperbel** vgl. Flut von Gefahren (Z. 1) Apokalypse (Z. 5); **Vergleich**: „wie unter dem Brennglas" (Z. 14)

4.2 Ausformulierung von Aspekten der Wortwahl und Syntax

Musterbeispiel

Neben dem wissenschaftlichen Fachvokabular *(kurze Überleitung!)* finden sich in diesem Artikel auch **umgangssprachliche Wendun-**

gen, die den Artikel für den Leser ansprechend gestalten und den Charakter des Kommentars unterstreichen im Gegensatz zu einem wissenschaftlichen Fachartikel, in dem nur präzise Fachsprache zur Anwendung kommt. Wenn die Autoren davon sprechen, dass „jeden Tag eine andere Sau durchs Dorf gejagt (wird)" (Z. 16), dann wird dem Leser allgemein verständlich und mithilfe eines gängigen Sprichworts das fragwürdige Vorgehen der Medien verdeutlicht, die den normalen Bürger mit Schreckensmeldungen in Panik versetzen. Der umgangssprachliche Begriff „hochgejazzt" (Z. 34) hat eine ähnliche Intention und nimmt die Thematik (Z. 16–22) wieder auf.

Die obengenannten umgangssprachlichen Wendungen sind auch für die Syntax relevant, denn sie stammen zum Teil aus **Expertenzitaten**, die die Autoren an mehreren Stellen (z. B. Z. 16 ff. und Z. 35 f.) in ihren Artikel integriert haben, um ihre Thesen und Argumente zu veranschaulichen und glaubhaft zu belegen. Wenn die Kommunikationswissenschaftlerin Neverla zitiert wird (vgl. ebd.), stützt deren vorausgesetzte wissenschaftliche Kompetenz die Intention des Artikels, nämlich das Aufdecken der Mechanismen der medialen Panikmache. Ein weiterer Aspekt ist ...

4.3 Fazit mit Textsortenbestimmung

Aus der vorausgegangenen Analyse des ZEIT-Artikels „Gefahren überall" wird deutlich, dass die Autoren mithilfe der sprachlich-stilistischen Gestaltung ihre Intention veranschaulichen und untersteichen: Es gibt in unserem Leben überall Gefahren und wir müssen mit diesen Risiken leben. Sowohl die Expertenzitate, die umgangssprachlichen Wendungen als auch die „Virus-Metapher" wollen den Leser ermutigen, die vielfältigen Krisen als Chance zu sehen, um aus ihnen gestärkt und „immunisiert" hervorzugehen. Aufgrund dieser argumentativen und appellativen Elemente lässt sich dieser Artikel eindeutig der Textsorte „Kommentar" zuordnen.

5 Formulierung des Schlusses zur Sachtextanalyse und Erstellen der endgültigen Gliederung

5.1 Schluss

Musterbeispiel

Ausblick in die Zukunft

Der Klimagipfel von Kopenhagen im Dezember 2009 liegt hinter uns und es macht sich Ernüchterung breit. Die Regierungschefs aus aller Welt konnten sich nicht auf ein verbindliches Abschlussprotokoll, z. B. die Festschreibung einer konkreten CO_2-Reduzierung, einigen. Es bleiben wieder einmal nur Willensbekundungen, aber ob ihnen dann tatsächlich Taten folgen werden, das weiß heute niemand. Jetzt können wir „Normalbürger" uns darüber aufregen, lamentieren und in Weltuntergangsstimmung verfallen – den Weltuntergang prognostizieren nämlich einige Klimaexperten für die Zukunft. Aber hilft uns das weiter? Gewinnt unser Leben dadurch an Qualität? Wir müssen mit diesen Risiken leben und können nur „vor unserer Haustür" mit der Verbesserung der Welt anfangen, z. B. mal Urlaub in Deutschland machen und nicht in die Dominikanische Republik fliegen oder beim Biobauern im nächsten Ort einkaufen.

„Die Zukunft wird so aussehen, wie wir sie gestalten."
(Jean Fourastié)

5.2 Gliederung

A. „Medienhype" um Krisen

B. Analyse und Interpretation des ZEIT-Artikels „Gefahren überall" von H. Albrecht und U. Schnabel vom 26.11.2009
- I. Inhalt und Argumentationsstruktur
  1. „Apokalypse now" – aktuelle Gefahren
  2. „gefühlte Bedrohung"
  3. Mechanismen der Verunsicherung
     a) Überforderung der Bürger
     b) bleibende Unsicherheit
     c) mediale Scheingewissheiten
  4. Folgen der „Erregungsspirale"
     a) Angriff auf „psychisches Immunsystem"
     b) Sehnsucht nach einfachen Antworten
  5. Schlussfolgerungen
     a) Aufbau von Vertrauen durch Glaubwürdigkeit
     b) Ergebnisse der Risikoforschung: Subjektivität der Bedrohung
     c) Anerkennen der „gefühlten Bedrohung"
     d) Akzeptanz der bleibenden Ungewissheit
  6. Fazit: Erkennen der Chance in der Krise
- II. sprachlich-stilistische Gestaltung mit Interpretationsansätzen
  1. Wortwahl
     a) Fachsprache
     b) umgangssprachliche Wendungen
     c) Wortfeld „Bedrohung"
     d) Neologismen
  2. Syntax
     a) Mischung Para-/Hypotaxe
     b) Parenthesen
     c) (Experten-)Zitate
  3. rhetorische Mittel
     a) Metaphern
     b) Fragen
     c) Antithesen
  4. Zusammenfassung des „roten Interpretationsfadens" mit Bestimmung der Textsorte (Kommentar)

C. Ausblick in die Zukunft

Bearbeitung der Teilaufgabe b)

1 Bewertung und Bestimmung von Material 2

Es handelt sich bei Material 2 um einen informativen Text zur Psychologie der Angst, der dem Ressort WISSEN aus der Wochenzeitung DIE ZEIT entnommen wurde.

2 Untersuchen der Schülerglosse

Schülerbeispiel	Analyse/Bewertung
GLOSSE	Textsortenbenennung
„Leise rieselt der Schnee – oder warum Deutschland nicht rettungslos von der Schneelawine begraben wird."	aussagekräftig Überschrift (Liedzitat) **(absichtlich vermiedener Hinweis auf das eigentliche Thema** *„medial beeinflusster Umgang mit Krisen"*) ➔ Spannungsaufbau bis zur **Pointe**
Kaum fallen die ersten Schneeflocken, gerät ganz Deutschland in Panik! Die Angst geht um vor Blitzeis und Verkehrschaos, vor Stromausfall und dem Abgeschnittensein von der so existentiellen Außenwelt, vor Kälte und Tod verursacht durch riesige Schneemassen. Denn plötzlich fällt, völlig unerwartet, mitten im Dezember Schnee!! [bereits bearbeitete Teile]	*Aufgreifen der Überschrift* Personifikation Aufzählung Hyperbel, Ironie [bereits bearbeitet]
Doch warum bleibt das alljährliche von den Medien heraufbeschworene Schneechaos-Weltuntergangsszenario in Bayern aus? Weil die Bayern ein besonders Stress resistentes Völkchen sind? Wohl kaum, die Antwort ist viel psychologischer, ein Bayer kann das Risiko bei Schneefall besser einschätzen als z. B. ein Norddeutscher, der Schnee eigentlich nur aus dem Skiurlaub kennt. Die Schneephobie versetzt den norddeutschen Körper in Alarmzustand: Die Pupillen weiten sich, Muskelspannung, Energiebereitstellung und Reaktionsgeschwindigkeit werden erhöht, Herzfrequenz und Atmung beschleunigen sich, der Norddeutsche schwitzt, zittert, ihm wird übel und schwindelig, wenn er nur die Wetterprognose im Radio hört. Kein Wunder, dass sich in Schleswig-Holstein die Verkehrsunfälle im Winter häufen. „Angst ist ein soziales Phänomen, man steigert sich da wechselseitig hinein.", sagt ein Historiker von der Universität Bielefeld. Aber genau dieses Phänomen bietet auch den Ausweg aus der Misere. Wenn in der Tageschau der prognostizierte Wintereinbruch nicht das Topthema mangels politischer Winterpause ist, wenn die Radiomoderatoren dem Schneechaos etwas Positives abgewinnen können und sei es nur der Jubel über Schneefrei für die Schüler Mecklenburg-Vorpommerns, dann halten sich die deutschen Angstwellen in Grenzen und die Menschen, auch im wunderschönen Norden Deutschlands, können den Zauber der glitzenden Winterlandschaft bei einem Spaziergang oder beim Rodeln genießen. Und sollte wider Erwarten eine Schneelawine ausgelöst werden, leistet die bayerische Rettungshundestaffel mit ihren hervorragend trainierten Lawinensuchhunden gerne Erste Hilfe, auch im Norden Deutschlands.	*Annäherung an das eigentliche Thema* Neologismus (Selbst-)Ironie aus Material 2, Z. 36 Hyperbel aus Material 2, Z. 4ff. Hyperbel *medialer Einfluss* aus Material 2, Z. 36f. *Lösungsmöglichkeit* *indirekte Medienkritik* *„humorvolle" Medienkritik* Hyperbel Euphemismus positive Seiten des Winters ***Schlusspointe*** ➔ *Rückbezug zur Überschrift* ca. 280 Wörter

3 Möglicher Schreibplan für den Kommentar

Als Hilfe sind Reflexionen über das Vorgehen in kursiver Schrift hinzugefügt:

Pointierte Überschrift: „Wenn Weihnachten nicht ausfällt, sterben wir dann alle an Schweingrippe?" *(Nachahmung medialer Schlagzeilen: Kombination zweier eigentlich voneinander unabhängiger Themen Weihnachten – Schweinegrippe)*

Akuteller Einstieg: Weihnachtsferienbeginn, Konsequenzen der Wirtschaftskrise für das Weihnachtsfest

Hauptteil: *(Herstellen von Zusammenhängen zwischen den Schlagworten Wirtschaftskrise, Weihnachten und Schweinegrippe)*

- Schlechte Wirtschaftsprognosen: keine Weihnachtsgeschenke, Wichtelaktion *(Schulbezug!)*
  (Abrupter Themenwechsel:) Schweinegrippe *(Nachahmung der Schnelllebigkeit von medialen Schlagzeilen!)*
- Schweinegrippen-Szenario in der Schule: Mundschutz, Taschentücher, asiatische / mexikanische Vorbilder (vgl. Tagesschau)
- statt Nikolaus klopft Schweinegrippe: Verteilen von Gratis-Impfungen, Impfstoffmangel: nur für Unterstufe, Panik in der Oberstufe (Sensationsmeldung bei RTL/ProSieben: „Wie viele Kollegiaten sterben an Schweinegrippe? Weniger Abiturienten?" weinende Oberstufenschüler im TV)
- neue Themen für Facharbeiten: z. B. „Sport und seine Wirkungen auf die Schweinegrippe" oder „Seuchen im alten Rom"
- *Reflexion:* nächste Katastrophenmeldung der Medien nach der Schweinegrippe?
- Vorgehen der Medien: Katastrophenmeldung, Warnungen, Expertenbefragung, großzügige Ratschläge zur Bewältigung der Krise
- *Fazit:* Krise wird erst durch die Berichterstattung der Medien zur Krise! *(vgl. Themenstellung: „medial beeinflusster Umgang mit Krisen")*

- *Schlussfolgerung:* Medienboykott gegen mediale Panikmache? ➔ nicht realisierbar: Entzugserscheinungen: Angst vor „nicht auf dem neuesten Stand" (vgl. Informationsgesellschaft)

Schluss: Was können wir lernen? Zitat Ringelnatz: „Sicher ist, dass nichts sicher ist." (aus „Gefahren überall"), Aufforderung zur Gelassenheit, nicht durch Medien verrückt machen lassen
Möglicher Schlusssatz „In diesem Sinne Frohe Weihnachten und einen schweinegrippe-freien Rutsch ins Neue Jahr!" *(abschließende Verknüpfung der Schlagwörter Weihnachten und Schweinegrippe)*

4 Kommentar mit Überschrift

Beispiel-Kommentar: „Wenn Weihnachten nicht ausfällt, sterben wir dann alle an Schweinegrippe?" von SP (Schülerzeitungsartikel erscheinen meist mit Kürzel!)

Weihnachten steht vor der Tür und jeder kann den Ferienbeginn kaum noch erwarten. Die anfänglich dramatische Wirtschaftskrise erlebt nun durch die panische Suche nach dem passenden Weihnachtsgeschenk ihren ersten Aufschwung.
Im Juni waren wir noch alle überzeugt, dass dieses Jahr an Weihnachten keine Geschenke unter dem Baum liegen werden, da wir den schlechten Prognosen aus den Medien glaubten. Die Wichtelaktion war in Gefahr! Doch nun müssen wir um unser Leben fürchten. Panik macht sich breit, die Wirtschaftskrise ist vergessen! Keine Zeitung kräht mehr danach! Stattdessen schleppen wir uns von Montag bis Freitag mit Taschentüchern und Mundschutz bewaffnet, die mexikanischen bzw. asiatischen Vorbilder aus der Tagesschau nachahmend, in den Unterricht. Statt des Nikolaus klopft dieses Jahr die Schweinegrippe an die Tür. Knecht Rupprecht verteilt Gratis-Impfungen, doch schon nach der Unterstufe geht der Impfstoff zur Neige und RTL zeigt in Panik ausbrechende Oberstufenschüler. „Wie viele Kollegiaten werden den Kampf gegen die Seuche gewinnen und überhaupt zum Abitur antreten können?", fragt sich der Reporter von ProSieben. Die Facharbeitsthemen lauten nun nicht mehr „Typische Verletzung beim Basketball" oder „Charakterisierung des römischen Kaisers Augustus", sondern „Sport und seine Wirkung auf die Schweinegrippe" oder „Seuchen im alten Rom".
Und wenn wir die Schweinegrippe dann doch ohne Impfung überlebt haben, vor was dürfen wir uns dann fürchten? – Die nächste Katastrophenmeldung folgt bestimmt, die Medien werden uns schon darauf aufmerksam machen, Warnungen aussprechen, Experten befragen und uns großzügig Ratschläge zur Bewältigung der von den Medien erst heraufbeschworenen Krise an die Hand geben.
Der interessierte Bürger kann sich dieser medialen Panikmache nicht entziehen, es sei denn, er verordnet sich einen vollständigen Medienentzug, von den Boulevardmedien bis hin zu den Tagesthemen. Doch die unmittelbar zu erwartenden Entzugserscheinungen, z. B. das Gefühl, nicht mehr auf dem neuesten Stand zu sein, treiben den Bürger der Informationsgesellschaft wieder in die Arme der Medien, Panik sei dank.
Was können wir aus dem medialen Umgang mit Krisen lernen? – Um mit J. Ringelnatz zu sprechen: „Sicher ist, dass nichts sicher ist." Und so bleibt uns nur, eine gewisse Gelassenheit an den Tag zu legen und uns nicht von den Medien verrückt machen zu lassen!

In diesem Sinne Frohe Weihnachten und einen schweinegrippefreien Rutsch ins Neue Jahr!

(ca. 350 Wörter)

Lösungshinweise zu *Verfassen eines Kommentars / einer Rede / eines Essays in Verbindung mit einer Textanalyse*

mit Bausteinen zu Musterlösungen

Bearbeitung der Teilaufgabe a)

1. Analyse und Einordnung des Materials

Bereich Aufbau:

1 Unterteilen des Textes in Sinnabschnitte

Der Text kann in 5 Sinnabschnitte eingeteilt werden:

1. (Zeile 1–9): Simulation einer Alltagssituation
2. (Zeile 10–50): Omnipräsenz der Überwachung
3. (Zeile 51–63): Konkrete Verdachtsmomente
4. (Zeile 64–74): Die Rolle des Staates
5. (Zeile 75–80): Unterbrechen des fiktiven Beispieltextes und konkrete Hinwendung an den Leser

2 Untersuchen der Zeilen 10 bis 50

Betrachtet man die Zeilen 10–50 näher, wäre folgendes Argumentationsschema feststellbar:

Sie setzen die Tasse auf dem Tisch ab. Am Rand haben Sie zwei wunderschöne Fingerabdrücke hinterlassen. So scharf konturiert und vollständig wie die in Ihrem Reisepaß. Oder die in den Datenbanken der U. S. Customs and Border Protection, seit Ihrem letzten Sommerurlaub in Florida. Beruflich sind Sie viel unterwegs? Dann kennt man das Muster auf der Kaffeetasse, die Sie gerade ins Arbeitszimmer tragen, auch in Schweden, Georgien und im Jemen.	Beispiele für die Überwachung Ausweiten des Beispiels Behauptungen bzgl. der Beispiele
Wie jeden Morgen rufen Sie Ihre privaten E-Mails ab. Die sind schon überprüft worden – nicht nur von Ihrem Virenscanner. Sie haben noch ein paar Minuten Zeit, bevor Sie zur Arbeit müssen, also rufen Sie die eine oder andere Webseite auf – die Kripo weiß, welche, wenn sie möchte, und kann das auch in sechs Monaten noch überprüfen. Sie nehmen schnell noch eine Überweisung vor, die Ihnen gerade eingefallen ist – die zuständigen Behörden wissen, an wen. Zum Glück heißen Sie Müller, das schützt ein wenig. Bei Ihrem Kollegen Tarik al-Sultan, der neulich zum Bergsteigen in Kaschmir war, verschickt der Computer gerade den gesamten Inhalt der Festplatte an den Verfassungsschutz. Greifen Sie etwa gerade nach dem Telephon, um mit Tarik etwas Vertrauliches zu besprechen, das nicht ins Büro gehört? Lassen Sie es lieber sein. Besuchen Sie ihn zu Hause, wenn Sie ungestört reden wollen. Es sei denn, Tarik wurde als Gefährder eingestuft, weil er regelmäßig Geld an seinen arbeitslosen Cousin in Pakistan schickt. Dann ist seine Wohnung ohnehin verwanzt.	Verhaltensrat
Sie eilen zur Haustür hinaus. Die Überwachungskamera Ihres Wohnkomplexes beobachtet jeden Ihrer Schritte. Auch beim Betreten der U-Bahn-Station werden Sie gefilmt, ebenso auf dem Bahnsteig und in der Einkaufspassage, wo Sie eine Zeitung kaufen. Haben Sie schon mal versucht, vor einer Überwachungskamera unschuldig zu wirken? Das ist noch schwieriger, als auf einem gestellten Photo natürlich zu lächeln. Warum wandert Ihr Blick ständig nach oben? Zweimal haben Sie direkt in die Kamera geschaut. Und jetzt greifen Sie sich schon wieder ins Haar. Wenn das noch einmal passiert, wird die biometrische Verhaltensanalyse den Alarm auslösen. Warum sind Sie so nervös? Laut Ihrer Patientenkarte bekommen Sie seit neuestem Beruhigungsmittel verschrieben. Und die Paybackkarte verzeichnet einen erhöhten Alkoholkonsum. Sie haben am Bankautomaten wieder 1000 Euro abgehoben. Wozu brauchen Sie so viel Bargeld? Außerdem ist Ihr Stromverbrauch im letzten Monat um 12,4 Prozent gestiegen. Verstecken Sie jemanden? In der Stadtbibliothek leihen Sie sich in letzter Zeit merkwürdige Bücher aus, über zivilen Ungehorsam und die Pariser Kommune. Reichen Ihnen die historischen Schmöker nicht? Und diese regelmäßigen Zahlungstransfers nach Südfrankreich? Wofür? Warum sind Sie letzte Nacht eigentlich so lange um den Block gelaufen? Sie hatten Ihr Handy nicht ausgeschaltet – da weiß man genau, wo Sie sind.	Ausweiten des Beispiels Unterstellungen und Schlussfolgerungen

Nach der Arbeit steigen Sie ins Auto, um etwas Persönliches zu erledigen. Verzichten Sie auf die Verwendung Ihres Navigationssystems. Andernfalls lässt sich leicht herausfinden, wohin Sie fahren. Machen Sie einen Umweg, meiden Sie die Autobahn mit den ganzen Mautstationen. Sie fragen sich bestimmt schon, warum Ihnen so hartnäckig aufgelauert wird? Warum gerade Ihnen? Es gibt doch keinen Grund, aus dem sich irgendjemand für Sie interessieren könnte.	Behauptung / Rückführung zur Hauptthese: Das Ende der Freiheit

Fazit: Die Autoren reihen zahlreiche Beispiele für mögliche Überwachungen aneinander, aus denen sie weiterleitende Behauptungen und Unterstellungen ableiten. Am Ende des Absatzes wird die These untermauert, dass jeder ständig überwacht und kontrolliert wird.

Bereich Textsorte:

3 Markieren von Schlüsselbegriffen und Bestimmen der Textsorte

- Der Text stellt die Einleitung zu einer „Kampfschrift" dar, wie die beiden Autoren sie selbst bezeichnen. Anlass ist der Zustand der zunehmenden Überwachung in Deutschland sowie weltweit.
- Bei der Textsorte handelt es sich in Bezug auf die Einleitung um einen appellativen Text, da er die Funktion hat, zum Weiterlesen einzuladen und den Leser konkret anzusprechen. Die appellativen Elemente sind mit kommentierenden und narrativen Elementen kombiniert. Kommentierend deshalb, weil die beiden Autoren sowohl informieren als auch ihre Meinung äußern. Narrativ, weil sie in Form einer fiktiven Utopie dem Leser konkrete Beispiele schildern.
- Markierungen im obigen Textabschnitt: **appellativ**, **kommentierend**. Der gesamte Text ist in einen narrativen Kontext eingebettet (Zeile 1–74). Erst das Unterbrechen des fiktiven Beispieltextes wendet sich unmittelbar an den Leser.

Bereich Absicht und Wirkung:

4 Absicht und Wirkung herausarbeiten

Die Fragestellungen lassen sich wie folgt beantworten:
Juli Zeh und Ilija Trojanow wollen mit ihrem Text „Das Ende der Freiheit" den Leser vor allem warnen. Dabei informieren Sie ihn über zahlreiche Mittel der Überwachung und üben implizit Kritik am politischen Überwachungsapparat. Sie möchten den Leser auf die Missstände aufmerksam machen und ihn zum Handeln motivieren. Der Leser wird direkt angesprochen. Adressiert ist die Botschaft des Textes an jeden, da die beiden Autoren Beispiele aus nahezu allen Lebensbereichen wählen.
Durch den provozierenden Ton und die Anschaulichkeit verfolgen die beiden Autoren ihre Absicht: Der Leser soll gewarnt werden. Gerade die Nachvollziehbarkeit anhand der anschaulichen Beispiele aus dem Alltag sprechen den Leser an und wecken seine Aufmerksamkeit. Aufgrund der direkten Darstellung im sprachlichen Bereich erreichen die Autoren ebenfalls die beabsichtigte Wirkung.

Bereich Inhalt und Sprache:

5 Untersuchen des weiteren Textes

Inhaltliche Aspekte	Text / Schlüsselwörter	Formale und sprachliche Aspekte
vorgegebenes Beispiel bei Aufgabenstellung		
konkretes Ansprechen des Lesers	*Sie* ziehen den Vorhang am Küchenfenster zu, damit der Nachbar von gegenüber nicht	Personalpronomen *Sie* Finalsatz
Aspekt des sich Verbergens durch das Zuziehen des Vorhangs, Schutz vor dem Nachbarn	hereinschauen kann,	Umgangssprache
Wiederaufgreifen der Alltagssituation aus Absatz eins		
	denn eigentlich schläft der an Wochentagen so lange wie *Sie* am Wochenende.	Umgangssprache
	Sie kochen sich einen doppelten Espresso, in Ihrer großen Lieblingstasse, damit Platz bleibt für die Milch.	Finalsatz
	Sie führen die Tasse zum Mund, *Sie*	Sie → Anapher

Konkretisierung des Beobachtungsstatus (Fingerabdrücke, Speicherung von Informationen in Datenbanken weltweit)	ein wenig, dann nehmen *Sie* einen Schluck. Jetzt kann der Tag beginnen. *Sie* setzen die Tasse auf dem Tisch ab. Am Rand haben *Sie* zwei wunderschöne Fingerabdrücke hinterlassen. *So scharf konturiert und vollständig wie die in Ihrem Reisepass.* Oder die in den Datenbanken der U.S. Customs and Border Protection, seit Ihrem letzten Sommerurlaub in Florida. Beruflich sind *Sie* viel unterwegs? Dann kennt *man* das Muster auf der Kaffeetasse, die *Sie* gerade ins Arbeitszimmer tragen, auch in Schweden, Georgien und im Jemen.	Ironie Vergleich Fachbegriff, Ellipse Frage an den Leser
Fortsetzung der Alltagssituation Bewusstmachen der Überwachungssituation unterschiedliche Beispiele aus dem Bereich der Internetüberwachung konkretes Beispiel Rückkehr zur Alltagssituation, Steigerung des dialogischen Charakters Behauptung	Wie jeden Morgen rufen *Sie* Ihre privaten E-Mails ab. Die sind schon überprüft worden – nicht nur von Ihrem Virenscanner. *Sie* haben noch ein paar Minuten Zeit, bevor *Sie* zur Arbeit müssen, also rufen *Sie* die eine oder andere Webseite auf – die Kripo weiß, welche, wenn sie möchte, und kann das auch in sechs Monaten noch überprüfen. *Sie* nehmen schnell noch eine Überweisung vor, die Ihnen gerade eingefallen ist – die zuständigen Behörden wissen, an wen. Zum Glück heißen *Sie* Müller, das schützt ein wenig. Bei Ihrem Kollegen Tarik al-Sultan, der neulich zum Bergsteigen in Kaschmir war, verschickt der Computer gerade den gesamten Inhalt der Festplatte an den Verfassungsschutz. Greifen Sie etwa gerade nach dem Telephon, um mit Tarik etwas Vertrauliches zu besprechen, das nicht ins Büro gehört? Lassen *Sie* es lieber sein. Besuchen *Sie* ihn zu Hause, wenn *Sie* ungestört reden wollen. Es sei denn, Tarik wurde als Gefährder eingestuft, weil er regelmäßig Geld an seinen arbeitslosen Cousin in Pakistan schickt. Dann ist seine Wohnung ohnehin verwanzt.	Fortsetzung Sie-Anapher Parenthese, Anspielung Fachbegriff Parenthese Parenthese Temporaladverbiale der Gegenwart Frage an Leser, Anspielung Empfehlung Fachbegriff Fachbegriff
Fortsetzung der situativen Beschreibung in Form von Momentaufnahmen, Steigerung des dialogischen Charakters durch wiederholtes Fragen	*Sie* eilen zur Haustür hinaus. Die Überwachungskamera Ihres Wohnkomplexes beobachtet jeden Ihrer Schritte. Auch beim Betreten der U-Bahn-Station werden *Sie* gefilmt, ebenso auf dem Bahnsteig und in der Einkaufspassage, wo *Sie* eine Zeitung kaufen. Haben Sie schon mal versucht, vor einer Überwachungskamera unschuldig zu wirken? Das ist noch schwieriger, als auf einem gestellten Photo natürlich zu lächeln.	Fortsetzung Sie-Anapher Personifikation Frage an den Leser
Aufzeigen einer Konsequenz Beispiele der Datenspeicherung	Warum wandert Ihr Blick ständig nach oben? Zweimal haben *Sie* direkt in die Kamera geschaut. Und jetzt greifen *Sie* sich schon wieder ins Haar. Wenn das noch einmal passiert, wird die biometrische Verhaltensanalyse den Alarm auslösen. Warum sind *Sie* so nervös? Laut Ihrer Patientenkarte bekommen *Sie* seit neuestem Beruhigungsmittel verschrieben. Und die Paybackkarte verzeichnet einen erhöhten Alkoholkonsum. *Sie* haben am Bankautomaten wieder 1000 Euro abgehoben. Wozu brauchen *Sie* so viel Bargeld? Außerdem ist Ihr Stromverbrauch im letzten Monat um 12,4 Prozent gestiegen. Verstecken	Frage an den Leser Temporaladverbiale der Gegenwart, Fachbegriff Frage an den Leser Frage an den Leser Frage an den Leser

Temposteigerung	*Sie* jemanden? In der Stadtbibliothek leihen *Sie* sich in letzter Zeit merkwürdige Bücher aus, über zivilen Ungehorsam und die Pariser Kommune. Reichen Ihnen die historischen	Fachbegriff
	Schmöker	Umgangssprache
Man weiß noch nicht, wer der Beobachtende ist. Er wird mit dem unpersönlichen Personalpronomen bezeichnet.	nicht? Und diese regelmäßigen Zahlungstransfers nach Südfrankreich? Wofür? Warum sind *Sie* letzte Nacht eigentlich so lange um den Block gelaufen? *Sie* hatten Ihr Handy nicht ausgeschaltet – da weiß *man* genau, wo *Sie* sind.	Frage, Fachbegriff Frage a. d. L. Frage a. d. L. Parenthese Personalpronomen
Temposteigerung, ratsamer Tonfall Beschwichtigung	Nach der Arbeit steigen *Sie* ins Auto, um etwas Persönliches zu erledigen. Verzichten *Sie* auf die Verwendung Ihres Navigationssystems. Andernfalls lässt sich leicht herausfinden, wohin *Sie* fahren. Machen *Sie* einen Umweg, meiden *Sie* die Autobahn mit den ganzen Mautstationen. *Sie* fragen sich bestimmt schon, warum Ihnen so hartnäckig aufgelauert wird? Warum gerade Ihnen? Es gibt doch keinen Grund, aus dem sich irgend jemand für *Sie* interessieren könnte.	Frage a. d. L.
direktes Ansprechen des Lesers, Verunsicherung	Sind *Sie* sicher?	Frage a. d. L.
Charakter eines Verhörs	Sind *Sie* absolut sicher?	Frage a. d. L., Steigerung, Wiederholung
Ausrede, Wertung	Haben *Sie* nicht neulich gegen den G-8-Gipfel demonstriert? Dann verfügt die Polizei sogar über Ihre Geruchsprobe. Haben *Sie* nicht bis vor kurzem in jenem Studentenwohnheim gelebt, in dem auch ein gewisser Abu Mehsud untergekommen war? Das waren gar nicht *Sie*, das muss ein anderer Müller gewesen sein? Na, wenn man so heißt, liegt eine Verwechslung nahe,	Frage a. d. L. Fachbegriff, Wiederholung Frage a. d. L. Frage a. d. L. Interjektion
	selber schuld.	Umgangssprache
Fortsetzung des Verhörs	Und wie steht es mit Ihrer Lebensgefährtin, die kauft	
	jede Menge	Umgangssprache
	Haarfärber, Fleckenlöser und Batterien. Das bedeutet: Wasserstoffperoxid, Azeton, Schwefelsäure!	Fachbegriffe
Wertung	Halten Sie uns für blöd?	rhetorische Frage a. d. L., Umgangssprache
	Daraus kann	
	jeder Idiot	Umgangssprache
	eine Bombe bauen. Natürlich behaupten *Sie*, Ihre Lebensgefährtin habe nicht vor, eine Bombe zu bauen.	

Beschwichtigung, das Personalpronomen wir konkretisiert den Beobachter	Das würde jeder antworten. Sollten *Sie* allerdings die Wahrheit sagen – wo liegt dann das Problem? *Wir* helfen Ihnen doch nur, diesen leidigen Verdacht aus der Welt zu schaffen, indem wir genau hinschauen. Das muss doch auch für *Sie* eine Erleichterung sein.	Parenthese, Frage a. d. L., Personalpronomen Wiederholung
Beschwichtigung Staat ist der Beobachter Aufzeigen von Konsequenzen, Verwendung von Floskeln Distanzierung von anderen Überwachungssystemen, betontes Ansprechen der Demokratie	Kein Grund zur Beunruhigung also. Alles geschieht zu *Ihrem* Besten. Der Staat passt auf *Sie* auf. Der Staat ist *Ihr* Vater und Ihr Beschützer. Er muss wissen, was seine Kinder treiben. Wenn *Sie* nichts Schlimmes verbergen, haben *Sie* auch nichts zu befürchten. Die Entscheidung aber, was schlimm ist, überlassen *Sie* bitte den Spezialisten. Bedenken *Sie*, dass *Sie* sich verdächtig machen, wenn *Sie* nicht alles offenlegen. Wenn *Sie* mitspielen, müssen *Sie* keine Angst haben. *Wir* sind nicht die Stasi oder das FBI. *Sie* leben in einer gesunden Demokratie. Da kann man schon ein bisschen Vertrauen von *Ihnen* erwarten.	Anapher, Parallelismus, Personifikation Fachbegriff Fachbegriff
Unterbrechung Zitat aus dem GG Umdeutung Beschwichtigung	Was? Der Staat soll Ihnen vertrauen? Wo kämen wir da hin! Schon das Grundgesetz sagt, dass alle Gewalt vom Volke ausgeht. Und Gewalt gilt es einzudämmen. Da sind *Sie* ja wohl einer Meinung mit dem Innenministerium. Gehen *Sie* nur, Ihr Schatten bleibt hier. Man hört, sieht und liest von *Ihnen*.	Frage a. d. L., Frage a. d. L., Ausruf Folgerung, Wortspiel Personifikation Dreierfigur
Im letzten Abschnitt wenden sich die Verfasser direkt an den Leser und durchbrechen die bisherige Darstellung; klare Distanzierung vom literarischen Beispiel George Orwells; Betonung durch das Personalpronomen wir, das nun einen anderen Bezug hat	Achtung bitte, *wir* unterbrechen diesen Text für eine wichtige Durchsage: Dies ist keine Science-Fiction. *Wir* wiederholen: Keine Science-Fiction. Dies ist nicht 1984 in Ozeanien, sondern das Jahr 2009 in der Bundesrepublik. Falls *Sie* sich immer noch nicht verdächtig fühlen – herzlichen Glückwunsch. Sie sind ein unbeugsamer Optimist. Wollen wir hoffen, dass *Sie* nicht soeben durch den Kauf dieses Buchs zu einem verdächtigen Optimisten geworden sind.	Fachbegriff Anapher, Parallelismus, Anspielung (*Orwell:* 1984) Parenthese Fachbegriff

2. Erstellung einer Gliederung und Verfassen einer Einleitung

1 Eine inhaltlich klar strukturierte und sprachlich korrekte Gliederung verfassen

I. Aufbau und Inhalt
I.1 exemplarische Darstellung eines alltäglichen Tagesbeginns mit Bezug auf die berufliche und private Situation sowie die in der Welt hinterlassenen persönlichen Daten (Z. 1–15)
I.2 Beispiel des selbstverständliches Abrufens medial übermittelter Informationen sowie Andeutung von Vorurteilen gegenüber Bürgern mit Migrationshintergrund (Z. 16–27)
I.3 Schilderung der detaillierten Überwachung des gesamten Tagesablaufs eines deutschen Staatsbürgers (Z. 28–50)
I.4 Steigerung durch ironische Definition der Position des Staates mit Hinweisen auf eine zunehmende Entwicklung zum Präventivstaat (Z. 51–74) sowie abschließender Appell an den Leser (Z. 75–80)

II. Sprachliche Gestaltung
II.1 induktive Argumentationsweise
II.2 vorwiegend gehobene Stilebene; stellenweise Einsatz umgangssprachlichen Stils als Mittel der Direktheit gegenüber dem Leser
II.3 vorwiegend Parataxe; häufige Verwendung von Fragesätzen zur Unterstützung des dialogischen Charakters
II.4 direktes Ansprechen des Lesers
II.5 Verwendung von Fachtermini sowie umgangssprachlichen Ausdrücken
II.6 überspitzt pointierte Darstellung als essayistisches Mittel
II.7 Verwendung von stilistischen Mitteln: Dreierfiguren, Ironie, Ellipsen, Metapher, Personifikation

III. Wirkungsabsicht und Überzeugungskraft
III.1 Hinweis auf die Einschränkung der persönlichen Freiheit
III.2 Aufforderung zum Nachdenken und Handeln

2 Schreiben einer Einleitung

Mögliche Einleitung: „Die Freiheit der Person ist unverletzlich" – im Rahmen der Grundrechte wird uns heutzutage Freiheit garantiert. Die Menschen in unserer Gesellschaft nutzen sie, keine Frage. Sie nutzen sie sogar so weit, dass sie sich selbst transparent machen. Sind sie dann immer noch frei? Oder endet ihr Freiheit an dieser Stelle, da Arbeitgeber, Wirtschaft und der Staat nun beginnen diese Freiheit zu kontrollieren?
Die Autoren Juli Zeh und Ilija Trojanow gehen in ihrer im Jahr 2009 erschienen „Kampfschrift", wie sie von ihnen selbst bezeichnet wird, dieser Frage nach. In der folgenden Analyse soll das essayistische Vorwort untersucht werden.

3. Verfassen der Textanalyse zu Material 1

Verbessern des fehlerhaften Ausschnittes aus einer Schülerarbeit zur Textanalyse und Berücksichtigen der Zitiertechnik

(...)
Juli Zeh und Ilija Trojanow bedienen sich in ihrem Vorwort sowohl des hypotaktischen als auch des parataktischen Satzbaus. Dabei werden Feststellungen meist parataktisch geordnet wie zum Beispiel: „Das waren gar nicht Sie, das muss ein anderer Müller gewesen sein?" (Z. 55 f). Der Leser wird dadurch in einen gleichmäßigen Duktus eingeführt. Hypotaxen benutzen die Verfasser eher, um Folgen des Handelns aufzuzeigen – zum Beispiel in Form von Finalsätzen wie: „Sie kochen sich einen doppelten Espresso, in ihrer großen Lieblingstasse, damit Platz bleibt für die Milch." (Z. 7 f.). Selbiges erscheint in Verbindung mit Konditionalsätzen wie: „Na, wenn man so heißt, liegt eine Verwechslung nahe, selber schuld." (Z. 56) Dem Leser werden hier die Zusammenhänge verdeutlicht. Auffällig häufig verwenden die Autoren Parenthesen wie in Z. 16: „Die sind schon überprüft worden – nicht nur von Ihrem Virenscanner". Dadurch wird der essayistische Ton unterstützt, indem sich Juli Zeh und Ilija Trojanow wie Kommentatoren in den Textfluss einschalten. Ebenso erscheinen im Text zahlreiche Fragesätze (vgl. Z. 3, Z. 13 f., Z. 23 ff., etc.) um mit dem Leser einen dialogischen Kontakt aufzubauen und diesen zu wahren. Der Leser fühlt sich dadurch konkret angesprochen, die Wirkung auf ihn wird erhöht. Im Verlauf des Textes steigt die Quantität der Fragen. Dies kommt einem Spannungsaufbau gleich.
Im Bereich der Wortwahl erscheinen im Text zum einen zahlreiche Alltagsbegriffe wie zum Beispiel: „U-Bahn-Station" (Z. 29), „Bankautomat" (Z. 37), oder „Stromverbrauch" (Z. 38). Dadurch betonen die Autoren ihr Exempel aus dem Alltag. Dieses wird in Bezug gesetzt zu Begriffen wie „Wasserstoffperoxid, Azeton [oder] Schwefelsäure!" (Z. 58) oder zu Begriffen aus dem Bereich der Kriminologie wie zum Beispiel „Fingerabdrücke" (Z. 11), „Datenbanken der U.S. Customs and Border Protection" (Z. 13) oder „verwanzt" (Z. 26). Dadurch wird dem Leser konkret die Allgegenwärtigkeit dieser Situation vor Augen geführt.
Eng in Verbindung mit der Wortwahl steht der bewusste Einsatz einiger stilistischer Mittel. So zum Beispiel die Ironie, um Kritik zu äußern und den Leser auf die Überwachung aufmerksam zu machen: „Am Rand haben Sie zwei wunderschöne Fingerabdrücke hinterlassen. So scharf konturiert und vollständig wie in ihrem Reisepass." (Z. 11 ff.).
(...)

Bearbeitung der Teilaufgabe b)

1. Erstellen der Arbeitsgliederung für den Schreibauftrag

Mögliche Gliederung:
Einleitungsgedanke: Verankerung der Freiheit im Art. 5 des GG
1. Bedeutung des Freiheitsbegriffs in der digitalen Gesellschaft
2. Wunsch nach dem Ausleben der Freiheit im WWW

➔ freie Enzyklopädien
➔ Diskussionsforen
➔ Blogs
➔ Soziale Netzwerke im Netz: Facebook, Lokalisten, StudiVZ

3. Das Ende der Freiheit

➔ Online-Durchsuchung
➔ Vorratsdatenspeicherung
➔ Zensur

Fazit: Freiheit im Sinne der Verantwortlichkeit

2. Verfassen des eigenen Textes nach Entscheidung für eine Textsorte

1 Möglicher Essay:

WWW : Zwischen World Wide Web und World Wide Watching

Gemäß des Grundgesetzes Artikel 13 Absatz 2 dürfen „Hausdurchsuchungen nur durch den Richter angeordnet werden." Außerdem muss „der Verdacht einer schweren Straftat bestehen". Erst dann ist es erlaubt, technische Mittel zur Überwachung anzuwenden. Wie sieht es jedoch eigentlich mit digitaler Überwachung aus? Das Internet – nicht nur ein virtueller freier Raum, sondern auch ein Raum, der rechtsfrei ist – oder? Unter dem Aspekt des wilden widerstandslosen Wühlens im Internet tritt auch Vater Staat und Mitglieder seiner Familie immer wieder gerne an den Wühltisch und holt sich, was er braucht. Dabei muss er nicht auf das Sonderangebot zurückgreifen oder gar eine Anordnung der Jurisprudenz abwarten. Ob er letztlich auch an der Kasse ordnungsgemäß bezahlt, wird an anderer Stelle ermittelt.
Szenenwechsel. Lieferanten, die immer wieder neue Ware auf den Wühltisch legen, sind unter anderem junge Blogger, die ihre einzigen noch vorhandenen Freiheiten im Internet sehen. Sie haben Panik davor, dass jemand diese kürzen könnte. Jemand? Sie haben vor allem etwas dagegen, dass Politiker mittleren Alters hier mit der großen Schere wüten könnten: Willentlich Wildes Wüten.
Markus Beckedahl, ein professioneller Blogger, stellt sich die berechtigte Frage, ob die digitale Welt von älteren Politikern reguliert werden darf. Er ist der Meinung, dass „wir", die Internet-Nutzer, die digitale Welt selbst gestalten sollten. Ein Faktenbericht, erstellt im

Auftrag des Bundesministeriums für Wirtschaft und Arbeit (2004), besagt, dass weltweit 665 Millionen Menschen und in Deutschland 60% der Bevölkerung Internetzugang haben. Man kann davon ausgehen, dass diese Werte bis zum Jahre 2009 gestiegen sind. Hier drängt sich zurecht die Frage auf, ob diese Masse an Menschen sich tatsächlich selbst kontrollieren kann. Und: Sind wir es nicht selbst, die nach der Hilfe des Staates rufen, wenn wir das Netz immer wieder als rechtsfreien Raum bezeichnen?
Jedoch macht sich nicht nur bei Bloggern die Angst vor dem Staat breit. In einem „Alltagsbeispiel" versetzen Juli Zeh und Ilija Trojanow den ganz normalen Menschen in einen Überwachungsstaat. Jeden kann es treffen: World Wide Watching. Es trifft einen schneller, wenn man den entsprechenden unter Terrorverdacht stehenden Namen hat. Welt weiter Wahnsinn? Die symbolisch verabreichten Beruhigungsmittel wären bei Patienten mit paranoiden Tendenzen sicherlich besser aufgehoben als bei mir. Was würde passieren, wenn der Staat alle Käufer von Batterien, Fleckenlösern und Haarfärbern verdächtigen würde, eine Bombe zu bauen?
Ich meinerseits bin jedenfalls nicht bereit, meine sozialen Netzkontakte aufzugeben, mein Handy auszuschalten, auf ein Navigationsgerät zu verzichten, oder gar Mautstationen zu umschiffen. Außerdem freue ich mich sehr für meinen Fingerabdruck, dass er unter Umständen nachweislich Länder wie Schweden, Jemen und Georgien bereisen darf. So genießt wenigstens ein Teil von mir die weite weite Welt.

2 Reflektieren einer Schülerrede zum Thema „Grenzenlos frei im Internet" und Erstellen einer Arbeitsgliederung

Reflexion: Das vorliegende Schülerbeispiel berücksichtigt einen situativen Kontext, indem die Rede von Schülern für Eltern vor dem Landeselternverband anlässlich eines Jahrestreffens gehalten wird. Es erfolgt ein klarer Adressatenbezug, wobei eine kurze Vorrede vorausgeht. Das Thema des Redebeitrags wird nach der Anrede genannt und im weiteren Verlauf ein konkreter Bezug hergestellt. Informationen aus beiden zugrunde liegenden Texten werden aufgegriffen. Eine Leitidee ist erkennbar, wobei der Bezug zum Thema Internet bei dem Exkurs in die Politik noch eindeutiger sein könnte. Insgesamt werden die Aussagen sprachlich gut gestützt. Es werden Fragen an die Zuhörer gerichtet, wodurch der Verfasser des Redebeitrags in einen Dialog mit dem Publikum tritt und es zum Nachdenken anregt. Das sprachliche Niveau ist angemessen. Der Text ist gut verständlich und zeigt durch den gezielten Einsatz rhetorischer Mittel eine Wirkungssteigerung, wie zum Beispiel durch das Wortspiel am Schluss, Personifikationen wie „Eine Einschränkung kommt also selten allein." oder Neologismen wie „Spaßmaschine". Die Syntax ist meist klar. Stellenweise ein wenig komplex, was die Verständlichkeit etwas einschränkt. Der Verfasser des Redebeitrags kann insgesamt überzeugen, da er zu klaren Ergebnissen kommt, indem er aufgestellte Thesen immer wieder betont und ein Fazit zieht. Die Darstellungen werden durch Beispiele veranschaulicht.

Arbeitsgliederung:

Einleitung:

- Darstellung eines Beispiels aus dem Bereich der Überwachung anhand von E-Mails
- Anrede
- Nennen des Themas
- Annäherung an einen Lösungsansatz durch Fragen (Wie frei ist das Internet wirklich? Wo gibt es Einschränkungen? Wie kann man die Freiheit gewährleisten und gleichzeitig schützen?)

Hauptteil:

1. Das Internet als kontrollierter Raum
   Zunahme der Kontrolle
   Irrtümer (Beipiel eines Kinderarztes)
   Eskalation: Beschränkung als Legitimation für weitere Maßnahmen
   Gefahr einer Scheindemokratie
2. Exkurs: Beispiele für Einschränkungen in Bereichen außerhalb des Internets
   9/11 als Vorwand für den Irakkrieg
3. Schneeball-Effekt durch Beschränkung
   Staatliche Kontrolle
   Kontrolle durch Online-Unternehmen (Beispiel Facebook)
4. Fazit: Kontrolle ist notwendig
5. Lösungsansätze

5.1 Kontrolle durch Benutzer selbst
5.2 Einsatz von Internetfahndern

6. Ziel: freies Internet, aber: nach bestimmten Regeln zum Schutz des Einzelnen

6.1 Grenzen als selbstverständliche Grundlage statt einer Einschränkung

Schluss:
Appell an die Verantwortung der Eltern gegenüber ihren Kindern